KB275786

팩트보다 강력한
스토리텔링의 힘

HOOKED : HOW LEADERS CONNECT, ENGAGE, AND INSPIRE
WITH STORYTELLING

팩트보다 강력한 스토리텔링의 힘

HOOKED

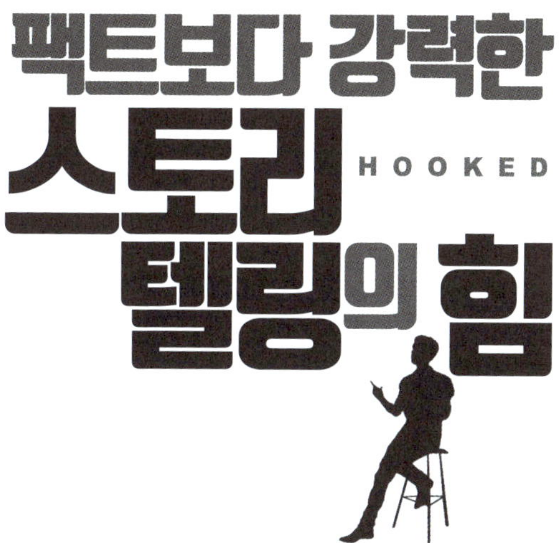

가브리엘 돌란 · 야미니 나이두 지음 | 박미연 옮김

트로이목마

팩트보다 강력한 스토리텔링의 힘

초판 1쇄 발행일 2017년 12월 26일
초판 6쇄 발행일 2020년 5월 29일

지은이 가브리엘 돌란, 야미니 나이두
옮긴이 박미연
펴낸이 박희연
대표 박창흠

펴낸곳 트로이목마
출판신고 2015년 6월 29일 제315-2015-000044호
주소 서울시 강서구 양천로 344, B동 449호(마곡동, 대방디엠시티 1차)
전화번호 070-8724-0701
팩스번호 02-6005-9488
이메일 trojanhorsebook@gmail.com
페이스북 https://www.facebook.com/trojanhorsebook
네이버포스트 http://post.naver.com/spacy24
인쇄 · 제작 ㈜ 미래상상

한국어판 저작권 (c) 트로이목마, 2017
ISBN 979-11-87440-31-4 (13320)

"스토리텔링은 아이디어를 세상에 알리는 가장 강력한 방법이다."
– 로버트 맥기Robert McKee, 스토리 세미나의 창업자이자 사회자

스토리와 스토리텔링이 당신을 구할 것이다.

스토리는 고객과 신속한 신뢰를 – 혹은 영업을 – 맺게 해줌으로써 당신에게 시간과 돈을 절약할 수 있게 해준다. 스토리는 뚜렷한 목적도 없고 별 효과도 없는 부서 회의에 낭비되는 수천 시간을 지켜주고, 또 당신이 오래 기다려온 승진에 도움을 준다. 더불어 당신 주변 사람들과 효과적으로 소통하게 만들어서 개인적 명성뿐만 아니라 회사에 수백만 달러의 이익도 가져다줄 수 있다.

또 스토리는 오랜 기간 거래해온 고객과의 관계를 돈독히 해주고, 자칫 지루해질 수 있는 당신의 파워포인트 슬라이드를 재미있고 의미심장하게 만들어준다.

처음 일을 시작했을 무렵, 우리는 사람들을 끌어들이고 감동시키는 데 타고난 능력을 가진 지도자들에게 경외심이 생겼다. 그들이 발

표하면 앉아서 경청했고, 그들의 이야기는 행사가 끝난 뒤에도 기억나곤 했다. 그들이 새로운 길을 제시하면 우리는 따랐다. 우리는 왜 그토록 그들에게 절대적인 믿음을 가졌을까? 그들의 비결은 무엇인가? 그리고 어떻게 하면 우리도 그렇게 될 수 있을까?

2005년으로 거슬러 올라가 따스하고 화창하던 어느 날, 호주 멜버른 중심부에 위치한 센트럴 비즈니스 디스트릭트Central Business District 공원에 앉아 있었다. 그때 문득 감동을 주는 대부분의 리더들은 감정적인 장벽을 무너뜨리고 우리가 생각하고 느끼는 것들에 스며드는 이야기를 들려준다는 생각이 떠올랐다. 그들의 스토리가 우리를 매료시키는 것이다.

우리는 모든 비즈니스 리더들이 '사실'이나 '숫자'를 그냥 사용하는 것이 아니라 '사실'과 '숫자'와 '스토리'를 이용해서 연결하고 교류하고 영향을 주는 세상을 상상해보았다. 이런 세상은 더 이상 꿈이 아닌 현실이다. 정보가 넘쳐나는 오늘날 비즈니스 세계는 '단지 사람들에게 사실만을 말하는 것'은 더 이상 효과적이지 않다. 리더로서 감성을 활용해야만 비즈니스에서 성공할 수 있다.

리처드 브랜슨은 자신의 책《리처드 브랜슨의 비즈니스 발가벗기기Business Stripped Bare》에서 비즈니스와 감성이 왜 공존해야 하는지를 설명하고 있다. 그는 "자신의 감성을 일에 쏟아 부어라. 직감과 감성이 도움을 줄 것이다. 그로 인해 일이 좀 더 수월해진다."고 말한다.

다시 2005년으로 돌아가서, 공원 벤치에 앉아 있던 우리는 '바로 이거야!'를 외치며, 안전하게 격주로 임금을 받던 각자의 고용주와 이별한 채 뛰쳐 나왔다. 그리고 이 책을 읽고 있는 당신 회사의 CEO 나 임원, 리더, 멘토들을 위해 어떤 비즈니스에서도 크게 한 방 먹일 만한 스토리를 이야기할 수 있도록 도와주는 회사를 세웠다. 그 이후 로 우리는 CEO, 대기업의 선임 리더, 소규모 비즈니스 경영자와 기 업가들과 일해오고 있다. 호주와 뉴질랜드의 조직뿐만 아니라 뉴욕, 런던의 기업 그리고 심지어 인도네시아의 논경작지 한가운데서도(지 금에 와서는 흐뭇한 이야기지만) 강연회를 개최해왔다.

이제 우리는 여태껏 배워왔던 경험과 지식을 나눌 준비가 되었고, 무엇보다 예전 우리의 고객들이 배웠던 것을 공유할 준비가 됐다. 이 책을 통해서 당신은 현실 상황, 유용한 사례들, 리더들이 들려주는 실제 스토리, 그리고 그들이 목표를 이루고 성공하기 위해 내렸던 참 된 결정 등을 배우게 될 것이다. 이 모든 것들이 당신을 훌륭한 스토 리텔러로 만들어주고, 당신이 속한 분야의 진짜 리더가 될 수 있도록 도와줄 것이다.

고용한 직원을 회사의 새로운 전략에 참여시킬 필요가 있을 때, 감 동을 주는 발표자가 되고 싶을 때, 새 고객을 유치하거나 혹은 수익 성 좋은 계약서를 체결하려 할 때, 이 책은 스토리텔링과 스토리 자 체가 어떻게 이것들을 가능하게 해주는지 당신에게 보여줄 것이다.

우리가 비즈니스 스토리텔링에서 가장 좋아하는 부분은, 이것이 우리가 생각하는 것보다 훨씬 멀리 그리고 널리 적용될 수 있다는 것 이다. 그런 점에서 스토리텔링은 프레젠테이션이나 구매상담, 부서 회의, 지도 과정에서 당신의 웹사이트나 이메일, 그리고 많은 소셜미디어에 사용될 수 있고 또 사용되어야 한다. 이 책을 읽고 난 후 당신은 스토리텔링을 적용할 수 있는 수많은 커뮤니케이션 통로를 파악할 수 있게 될 것이다.

먼저 당신의 일상적인 경험들이 어떻게 강렬한 비즈니스 스토리가 될 수 있는지 알게 된다. 당신의 아이가 파도타기 하는 걸 보는 것에서부터 애인의 아버지를 감동시키는 것 등 수없이 다양하다. 이런 모든 훌륭한 소재들이 당신의 이야깃거리가 되는데, 우리는 당신이 그 이야깃거리를 가지고 어떻게 하면 되는지 가르쳐줄 것이다.

좋은 소식은, 인간에게 스토리텔링은 자연스럽게 시작되는 것으로 이는 우리 모두가 이미 늘 하던 일이라는 것이다. 우리는 일찍이 동굴에 벽화를 그리고 모닥불 주위에서 잠을 자던 태초부터 이야기를 나눠왔다. 중요한 것은 우리가 이야기를 기억하려고 한다는 것이다.

예를 들자면 '천일야화1001 Arabian Nights' 같은 옛날이야기를 기억하는가? 분명히 그럴 것이다. (이 이야기는 우리 회사의 이름을 짓는 데도 영감을 주었다.)

'천일야화'에서 왕은 매일 새로운 여자와 결혼하지만 다음날 죽여버린다. 날마다 새로운 신부를 찾아내야 하는 신하에게는 고달픈 일이었다. 그가 왕의 부인감을 찾아오지 못하면 그 자신이 죽임을 당할 것이기 때문이었다.

그러던 어느 날 한 신하의 용감한 딸 셰헤라자드는 왕의 다음 부인이 되기를 자청한다. 혼인을 올린 날 밤, 셰헤라자드는 왕에게 길고 재미난 이야기를 해주고는 손에 땀을 쥐게 하는 결말 직전에 멈춘다.

왕은 궁금해 미칠 지경이었다. 그는 그 다음이 어떻게 됐는지 알고 싶었다. 셰헤라자드는 피곤하다며 왕에게 다음날 얘기를 계속하겠다고 말했다.

다음날이 되자 셰헤리자드는 얘기를 끝내고 새로운 이야기를 시작했다. 다시 그녀는 결말 직전에 이야기를 멈추고 왕에게 내일 이야기를 끝내겠다고 말한다.

이러한 일과는 1,001일 밤 동안 계속 되었고, 그러는 동안 왕은 셰헤라자드를 살려주었을 뿐만 아니라 그녀를 깊이 사랑하게 되었다.

이 이야기는 스토리텔링의 힘을 보여주는 첫 번째 사례 연구로 손색이 없다. 스토리텔링 기술을 올바르게 습득하게 되면 스토리로 우리가 생각하고 느끼고 행동하는 방식에 변화를 줄 수 있다.

이 책은 당신이 비즈니스 상황에서 영향력 있는 스토리를 어떻게 잘 활용할 수 있는지 보여줄 것이다.

- 거래하고 있거나 잠정적인 고객, 소비자 또는 고용인과 견고한 관계를 쌓을 수 있다
- 당신 주위의 모든 이들과 효율적으로 의사소통하게 한다
- 타인이 행동을 취하도록 영향력을 행사하고 자극한다
- Y 세대의 고객이나 거래처 또는 직원과 교류한다
- 당신이 내세우는 요점을 설명하고 당신의 서비스나 아이디어, 제품 등을 판매할 수 있다
- 동료나 친구, 고객보다 우위를 선점한다
- 당신의 팀에 새로운 목표를 세우도록 동기부여하고 영향을 끼친다

- 청중을 사로잡는다
- 경쟁자를 퇴출시킨다

각 장의 말미에 선택 가능한 미션을 제시하였다. ('얼마만큼 이해했나?' 부분이다.) 이것들은 당신이 현재의 관행에 대해 생각하거나 당신만의 새로운 이야기를 만들기 시작하려는 것과 연관 있을지도 모른다. 물론 그것은 이 책을 읽는 당신의 미션이고, 그것들을 취할지 말지는 당신에게 달려 있다.

오래된 호피족의 격언에 이런 말이 있다.

"스토리를 말하는 자가 세상을 지배할 것이다."

자, 이제 당신은 세상을 지배할 준비가 되었는가?

차례

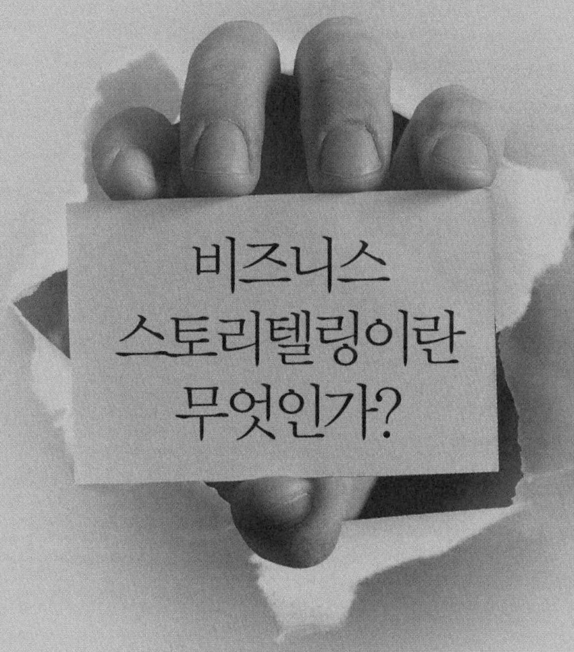

CHAPTER 1

"스토리텔링은, 냉정한 사실이나 서류상 중요 항목 그리고
지시사항 등으로는 할 수 없는, 사람을 설득하고, 동기를
부여하며, 영감을 불어넣는 방법에 사용될 수 있다."

– 아네트 시몬스Annette Simmons,
《스토리텔링The Story Factor》 저자

우리가 사업을 시작할 2005년 무렵에는, '비즈니스 스토리텔링 Business Storytelling' 이나 '조지용 스토리텔링Organizational Storytelling' 이라는 용어는 어디에서도 찾아볼 수 없었다. 비즈니스 웹사이트나 블로그 또는 미디어에서도 쓰이지 않았다. 심지어 위키피디아에도 없었다. 그래서 우리는 우리만의 정의를 만들어냈다.

비즈니스 스토리텔링은 경험에 대한 이야기를 공유하는 것인데,
이것은 청중에게 영향을 미치고 그들이 행동하도록
영감을 주는 비즈니스 메시지와 연결되어 있다.

기존의 스토리텔링과 마찬가지로 비즈니스 스토리텔링은 스토리

를 이야기하는 것이지만, 일반적인 스토리와는 달리 청중과 교감하고 영향력을 행사하며 청중을 끌어들이는 메시지를 담고 있다.

이 장에서 우리는 기존의 스토리텔링과 비즈니스 스토리텔링의 차이점을 알아볼 것이다. 또한 비유와 유추가 스토리와 어떻게 다른지에 관해서도 살펴볼 것이다.

스토리텔링에 대한 스토리

우리가 앞서 말했던 정의는 우리가 생각하는 것을 드러내기 위해 찾아낸 것으로, 우리는 지금부터 스토리를 이야기하려고 한다. 결과적으로 우리가 스토리를 얘기하지 않는다면 이 책은 스토리텔링에 대한 책이 될 수 없다. 스토리를 공유하기 전에 스토리의 내용으로 시작할 것이다.

맥락

마이클 브랜트Michael Brent는 호주 국립은행의 지역 총괄자였다. 마이클은 16개의 지점을 관리하고 있었고, 모든 지점의 부서에서 같은 문제점을 가지고 있었다. 그것은 그의 팀 멤버들이 영업부의 주간 잠재고객 목표치, 즉 우수 가망고객 목표치를 달성하지 못한다는 것이었다.

그는 셀 수 없이 많은 회의에서 팀원들에게 이 문제점을 얘기하고, 영업부에게 있어 잠재고객을 알아보는 일의 중요성에 대해 코칭하려고 애썼다. 회의 때마다 마이클의 팀원들은 본인의 목표치를 알고 무엇을 해야 하는지를 반복적으로 되뇌었다. 그럼에도 그들 대부분은 자신의 연간 성과급과도 밀접하게 연결되어 있는 자신의 목표치 달성에 실패했다.

마이클은 한계에 다다랐다. 그는 지난 12개월간 그가 할 수 있는 모든 것들을 시도해봤다. 그는 실망감을 감출 수 없었고, 아마 독자들도 그의 팀원들 역시 얼마나 낙심했는가를 상상할 수 있을 것이다. 마이클은 끊임없이 '왜 팀원들이 자신들의 목표치를 이루지 못했는가?'를 질문했다. 왜 팀원들 대부분이 주간 잠재고객 목표치를 달성하지 못했을까?

그러던 어느 날 팀원들이 그에게 말했다. "우리가 싫어하는 일이 한 가지 있습니다. 매주 월요일이 되면 우리는 '아, 안 돼! 주간 잠재고객 목표치가 다시 시작됐군!' 이라고 생각하면서 출근을 하죠."

마이클은 강연회에서 이렇게 말했다. "저는 일 년 동안 저희 팀의 우수 가망고객 목표치를 달성시키기 위해 모든 노력을 다했지만 아무 소용이 없었습니다." 그러고는 마이클은 강연회에서 다음의 이야기를 들려주었다.

♣ **방울양배추 스토리**

어렸을 적 나는 방울양배추를 무척 싫어했습니다. 저녁식사에 방울양배추가 있을 때면 나는 항상 맨 나중으로 남겨두고 그것을 먹지 않게 되기를 바랐죠. 하지만 당연히 어머니는 내가 마지막 방울양배추를 다 먹을 때까지 식탁을 떠나지 못하게 했습니다.

어느 날 저녁 방울양배추가 또 식사로 나왔고, 나는 그 양배추를 맨 처음 먹기로 결심했습니다. 눈을 딱 감고 방울양배추를 맨 처음 먹고 났더니 마음이 편안해지고 나머지 식사를 즐겁게 할 수 있었습니다.

우리가 우수 가망고객 목표치를 방울양배추처럼 취급할 수 있지 않을까요? 방울양배추를 다 먹기 전까지는 식탁을 떠날 수 없는 거죠. 주 초반에 그 양배추를 재빨리 먹는다면, 남은 주를 편안하고 즐겁게 보낼 수 있지 않을까요?

결과

강연회 몇 주 후, 우리는 후속 과정에서 마이클을 만났다. 그는 자신이 방울양배추 스토리를 들려준 16개의 지점 중 11개 지점에서 2주 연속 잠재고객 목표치를 달성했다고 말해주었다. 그것은 그 해에 처음으로 일어난 일이었다. 그가 변화를 줬던 유일한 일은 스토리를 들려준 것뿐이었다. 마이클은 '방울양배추' 라는 단어가 팀 내에서 동기유발자처럼 쓰이고 있다고 했다. 팀원들은 서로에게 "얼마나 많은 방울양배추를 먹었지?", "난 벌써 3개나 먹어 치웠네. 아직 점심시간 전인데도 말이야." 라며 말했다.

마이클이 들려준 스토리는 일상의 경험이 눈에 보이는 중요한 결과를 달성하게 하는 비즈니스 메시지에 연결되어 있다는 것을 보여주었다. 이것은 비즈니스 스토리가 가지고 있는 강력한 영향력이다. 희소식은 우리가 이미 스토리텔링을 하고 있다는 것이다. 당신이 어제 마신 커피나 지난 휴가, 또는 최근 고객과의 미팅에 대해 말할 때 당신은 스토리를 들려준다.

사람들은 자연스럽게, 본능적으로, 원천적으로 이야기를 하는데,

이는 우리가 그렇게 하도록 설계되어 있기 때문이다. 이것은 우리가 이미 이야기를 듣도록 설계되어 있다는 의미이기도 하다. 이는 리더인 당신에게는 좋은 소식이 아닐 수 없다. 왜냐하면 청중들은 언제나 준비되어 있고, 기꺼이 참여할 의사가 있다는 뜻이기 때문이다. 사람들은 잘 다듬어지고, 간결하며, 의미 있는 이야기를 몹시 듣고 싶어 하고, 또 좋아한다.

♣ "우리가 어떻게 생각하는가가 스토리다. 스토리는 우리가 어떻게 인생의 의미를 부여할지를 말해준다. 스토리는 도표, 원고, 인지 지도, 심적 모형, 비유 또는 이야기라고 불린다. 스토리는 어떻게 일이 진행되는지, 우리는 어떤 결정을 내리는지, 그리고 그 결정을 어떻게 정당화하고, 어떻게 타인을 설득하는지를 설명하는 것이다. 또한 세상에서 우리의 위치를 이해하고, 우리의 정체성을 만들어내고, 사회적 가치를 정의해 가르치도록 만드는 것이다."

– 파멜라 러틀리지 박사Dr. Pamela Rutledge, 미디어 심리 리서치센터 소장,

고故 스티브 잡스는 사후에도 끊임없이 그의 스토리를 통해 우리에게 영감을 주고 그의 이야기에 몰두하게 만든다. 우리는 잡스의 인생 이야기와 그가 청중들과 나누었던 이야기 모두에 매료되었다.

월터 아이작슨Walter Isaacson의 베스트셀러 《스티브 잡스Steve Jobs》에는 잡스의 완벽주의적인 성향을 설명한 이야기가 있다.

비즈니스에서의 스토리텔링은 마이클의 '방울양배추 이야기'처럼 리더로서 당신이 겪은 이야기를 들려주는 것뿐만 아니라 스티브 잡스의 일화처럼 당신이 전해 들은 이야기를 들려주는 것도 해당된다. 따라서 리더인 당신은, 앞서 말한 두 가지 스타일이 다 존재하며, 둘 다 강력하다는 것을 명심해야 한다.

비즈니스 스토리텔링의 3요소

비즈니스 스토리텔링은 예컨대 당신이 집에서 친구나 가족들과 세실리아 이모가 어제 한 일을 얘기하거나 작년 휴가 때 큰 맘 먹고 간 해외여행을 이야기하는 것과 같은 일반적인 스토리텔링과는 아주 큰 차이점이 있다. 그래서 따끔한 충고를 하려 한다. 그것은 '스토리를 말하는 모든 리더가 비즈니스에서 성공하는 것은 아니다!' 라는 것이다. 성공 비결은 일반적인 스토리텔링과 비즈니스에 맞는 스토리텔링의 차이점을 마스터하는 것이다.

스토리텔링의 스펙트럼 전반에 걸쳐 생각해보면, 비즈니스 스토리텔링은 전체 스펙트럼의 맨 끝에 위치하고 있고, 가정에서나 술집에서 친구나 가족과 하는 이야깃거리인 전형적인 스토리텔링은 반대편 끝에 있게 된다. 일반적인 스토리텔링이 구글이 있기 전의 삶이었다면, 비즈니스 스토리텔링은 구글 이후의 삶과 같다. 이 둘은 아주 많이 다르다.

비즈니스 스토리텔링이 다른 형식의 스토리텔링과 다른 세 가지 이유가 있다. 비즈니스 스토리는 다음과 같은 특징이 있다.

- 목적을 가지고 있다. 제품을 판매하거나 또는 회사의 새로운 전략을 공표하는 계획 등을 말한다.
- 자료, 즉 데이터에 의해 뒷받침된다.
- 믿을 만하다. 진솔한 스토리는 말하려는 의도와 부합된다.

이제, 각각의 요소들을 살펴보자.

목적

비즈니스 스토리는 목적을 가지고 있다. 스토리의 요점이 무엇인가?

청중에게 전하려는 메시지는 무엇인가? 우리가 일상생활에서(일반적인 스토리텔링) 스토리를 얘기하는 것은 웃음을 주거나 정보를 나누고 경험을 들려주는 것 외에 다른 의도는 없다. 이런 이야기들은 일상적인 스토리텔링의 맥락에서는 어울리지만, 비즈니스 스토리텔링에서는 말하고자 하는 목적에 초점을 맞춘 레이저빔 같은 정교함을 드러내야 한다. 4장에서 어떻게 당신의 목적을 상기시키는지에 관해 이야기하겠지만 그 전에 이 예를 들여다보자.

♣ 브루스 스프링스틴과 고객서비스

최근에 나는 브루스 스프링스틴Bruce Springsteen의 인터뷰 기사가 난 잡지를 읽은 적이 있었습니다. 브루스 스프링스틴은 20년 넘도록 활동해온 대단한 명성을 가진 음악가와 연주자로, 그야말로 살아있는 전설이죠.
"어떻게 날마다 최고의 무대를 보여주는 열정을 식지 않게 유지할 수 있느냐?"는 물음에 그는, "나에게는 매일 밤이 브루스 스프링스틴의 콘서트이지만, 공연을 보러온 관중들은 생애 처음이거나 아니면 한 번뿐인 이 공연을 보기 위해서 기꺼이 돈을 지불합니다."라고 대답했습니다. 그들에게 최고의 브루스 스프링스틴 공연을 보여주는 것이 그를 날마다 열정적이게 만든다고 그는 덧붙였죠.
이 기사를 읽고 나는 매일같이 일하고 있는 우리 모두를 떠올렸습니다. 우리가 날마다 수백 명의 고객으로부터 수백 건의 전화를 받지만, 그들 중에는 이전에는 우리에게 전화를 한 번도 안 해본 고객도 있을 것이고, 또 우리가 응대하는 반응을 보고 다시는 우리에게 전화를 하지 않을 고객도 있을 것입니다. 그 전화가 아마도 그들이 MLC에 건 유일한 전화였을 수도 있고요. 그들이 보러 갔던 브루스 스프링스틴 공연이 그들에게 오직 한 번뿐일 수 있는 것과 같은 맥락입니다.
각각의 고객이 전화를 걸 때마다 우리가 다르게 응대함으로써 그들이 '브루스 스프링스틴 공연의 경험'을 느낄 수 있게 했다고 상상해보세요.

매트 리치Matt Ritchie는 호주 'MLC(연금보험회사) 그룹'의 영업부 총괄 매니저다. 매트는 고객서비스에 대한 직원들의 의식을 바꿔줄 스토리가 필요했다. 이것이 그의 스토리였다.

매트의 목적은 직원들에게 고객서비스를 다른 방식으로 생각할 수 있도록 하는 것이었다. 마음속에 이런 목적을 품고 그는 개인적인 경험을 이야기하면서 이를 비즈니스 메시지로 연결시킨 것이다.

당신이라면 이 스토리를 듣고 기분이 어땠을까? 물론 그의 스토리는 청중의 심금을 울렸다. 하지만 스토리를 듣고 나서 이 기업의 고객서비스가 어때야 할지 이해가 되었을까? 이 스토리가 당신으로 하여금 매트가 얘기한 방식으로 서비스하고 싶게끔 만드는가? 이 스토리를 기억하겠는가? 이 스토리를 다른 사람들에게 들려주고 싶은가?

여기에 당신이 직원이나 고객, 잠정적 고객이나 주주들에게 스토리로 소통할 때 반드시 기억해야 하는 목표가 있다. 댄과 칩 히스Dan and Chip Heath가 세계적 베스트셀러《스틱Made to stick : why some ideas survive and others die》에서 제시했듯이, 당신이 칭중에게 던져야 하는 다음의 세 가지 질문을 스스로에게 해보라.

- 내가 방금 전에 말한 것을 청중들이 이해할까?
- 그들이 기억할 수 있을까?
- 스토리의 의미를 빠뜨리지 않고 다시 이야기할 수 있을까?

우리는 수많은 의뢰인들이 스토리텔링의 의미심장한 이 세 가지 문제점을 잘 상기하며 이용하고 있는 모습을 보고 있다.

일상생활에서 하는 스토리텔링과 회의실에서 하는 스토리텔링의 두 번째 차이점은 스토리텔링에 실무적인 비즈니스 접근 방식을 써야 한다는 점이다. 이는 전래동화 같은 형식이나 "옛날 옛날에~" 같은 단어로 시작해서는 안 된다는 의미다. 물론 청중이 다섯 살 정도라면 문제될 건 없겠지만.

당신이 업무에 도움을 주기 위해서나 행사의 기조연설자로서 스토리를 활용한다면, 확실한 사실이나 데이터, 수치 등을 포함시켜서 스토리가 이 데이터를 뒷받침할 수 있어야 한다.

우리는 우리가 하는 사업을 소개할 때, 향상된 직원 결속력 점수나 의뢰인이 성공할 수 있도록 어떤 도움이 되었는지를 보여주는 사례 또는 여러 평가 결과 등을 이용한다. 그런 다음 스토리에 생생한 데이터를 접목시키는 것이다.

우리가 들려주는 스토리는 실제적인 것이 될 수도, 추상적인 것이 될 수도 있다. 스토리가 데이터나 정보를 기억하거나 적용할 수 있도록 부연 설명하는 것이다. 말하자면 스토리로 인해 청중들은 당신의 데이터에 정신을 빼앗기게 되는 것이다. 왜냐하면 데이터 하나만으로는 이해하거나 기억하고 다시 말하기가 매우 어렵기 때문이다. (특히 앞에서 댄과 칩 히스 형제가 제시한 세 가지 질문을 잘 숙지하지 못하면 더욱 그렇다.)

♣ "스토리텔링은 매니지먼트나 리더십에서 매우 중요한 방법이다. 왜냐하면 대부분 다른 방법들은 그리 유용하지 못하기 때문이

다. 차트는 청중을 멍때리게 만들고 지루한 글은 안 읽혀지며 대화는 너무 장황하고 느리다. 시간이 흐를수록 거대한 조직체에서 큰 변화에 맞서 열성적으로 일해야 하는 무리의 책임자들에게 일선 직원들을 납득시켜야 하는 일이 주어지면, 스토리텔링만큼 훌륭하고 효율적인 방법도 없다.”

– 스티브 데닝Steve Denning, 조직용 스토리텔러이자 저자

우리는 당신의 성공을 돕고 있지만 당신에게 필요한 것이 오직 스토리뿐이라는 얘기는 아니다. “그냥 이야깃거리를 찾으세요.”라든지 ‘당신네 회사의 상품 소개나 리더십 스토리’ 같은 실속 없는 이야기 따위는 우리에게서 들을 수 없을 것이다. 대신, 이 말을 따라해보라.

“비즈니스 스토리텔링에서는 당신의 스토리가 당신의 데이터를 뒷받침해준다.”

그러나 대부분의 리더들은 데이터에서 멈추는데, 이것은 그들의 성공을 제한하거나 심지어는 장애물이 되기도 한다. 왜 그런 것일까? 이유는 그들이 옛날 방식을 고수하며 청중을 코마 상태까지 가도록 지루하게 만들기 때문이다. 리더로서 해야 할 중요한 일은 스토리를 이용해서 ‘사실fact’에 생명력을 불어넣는 것이다. 스토리는, 데이터만으로는 결코 할 수 없는, 당신과 청중을 연결하고 결속시킴으로써 그들에게 영감을 주도록 도와줄 것이다.

♣ “어쩌면 스토리는 영혼이 있는 데이터일 것이다.”

– 브르네 브라운Brene Brown,

물론 데이터는 당신이 하고 있는 직종이나 분야에 따라 달라진다. 데이터는 리포트나 비즈니스 사례, 비용-효익 분석, 연구, 통계, 시행 계획 또는 갠트 차트Gantt chart(작업진도 도표)일 수 있다. 당신의 데이터가 당신에겐 매우 흥미진진할 수 있겠지만, 청중들에겐 그렇지 않을 수 있다. 그래서 단지 정보를 제공하는 것만으로 사람들의 이목을 끌기엔 부족하다.

과거에 리더들은 대부분 자료나 수치, 데이터 등을 나열했다. 그러나 대개 청중들은 그것을 이해하거나 기억하고 다시 되풀이하기가 - 이것이 진짜 목표인데 말이다 - 어려웠다. 이는 마치 동전의 뒷면 같은, 말하자면 스토리 없는 데이터는, 지글거리는 소리는 요란하지만 막상 스테이크가 없는 접시와 마찬가지인 것이다.

뒤 페이지의 〔그림 1.1〕을 살펴보면 데이터와 스토리의 배합이 어떻게 청중들의 이목을 끄는지 알 수 있다.

몇몇 소수의 리더들만 이 두 가지 데이터와 스토리를 함께 사용하고 있으며, 그나마 영감을 불러일으키는 방법을 활용하는 이들은 더 적은 편이다. 그래서 이 두 가지를 같이 사용할 수 있다면 더 큰 성공을 누릴 수 있다. 영업에서는 경쟁 회사를 제치고 앞으로 나아갈 것이며, 리더십에서는 직원에게나 개인의 리더십 이미지에 긍정적인 효과를 기대할 수 있다.

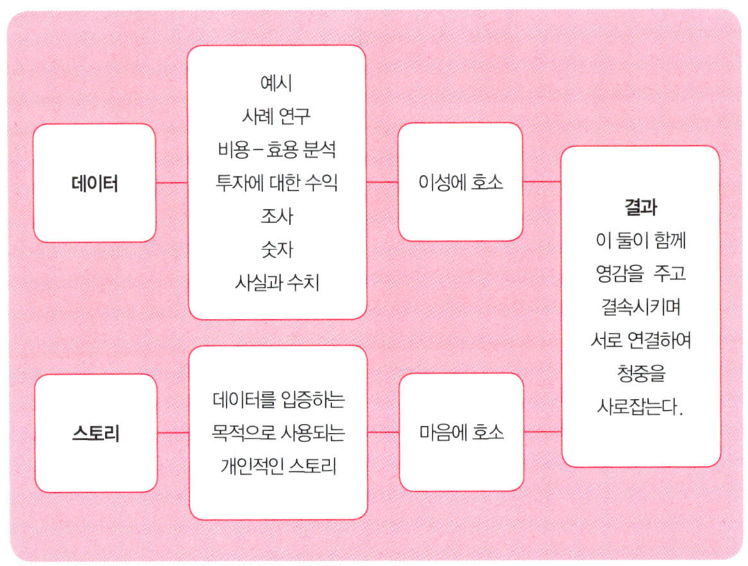

진정성

비즈니스 스토리와 일반적인 스토리의 세 번째 차이점은, 당신이 말하는 스토리가 반드시 진실해야 한다는 것이다.

제임스 프레이James Frey의 책《백만 개의 조각A Million Little Pieces》논란을 기억하는가? 이 책은 오프라 윈프리Oprah Winfrey가 진행하는 쇼에서 북클럽에 소개되어 단숨에 베스트셀러가 되었다. 저자 제임스 프레이는 이 책에서 지난날 약물과 알코올 중독 그리고 범죄를 저질렀던 이야기가 본인의 사실적인 기억이라고 했지만, 이후 저자가 책 내용 중 일부를 미화하고 조작했다는 사실이 밝혀지게 된다. 결국 책은 '백만 개의 거짓말A Million of Little Lies'이라고 조롱거리가 되었다.

프레이는 '오프라 윈프리 쇼'에 다시 출현해 자신의 책이 진실하지 않았다고 인정했다. 오프라는 그런 프레이에게 "제 자신이 어리숙하게 느껴졌죠. 그러나 더욱 중요한 건 당신이 수백만 명의 독자를 속였다는 겁니다."라고 얘기했다.

비즈니스에서 당신의 스토리가 진정성이 있어야 한다는 사실은 매우 중요하다. 당신이 그렇지 못하거나 사람들이 당신을 진실하다고 생각하지 않으면, 당신의 명성에 큰 치명타가 될 것이기 때문이다.

이 사실에 아직도 확신이 없다면 이 두 단어를 떠올려보라. '랜스Lance'와 '암스트롱Amstrong'. 그는 7번의 '투르 드 프랑스Tour de France' 우승 타이틀을 뺏기고도 여전히 자신은 결백하다고 주장했다. 2013년 1월 암스트롱은 마침내 자신이 선수 시절 내내 약물을 사용했다고 인정했다. 하지만 이는 자신에 관한 이야기가 사실이 아니라고 계속 말하며 수년간 혐의를 부인한 뒤였다. 스스로 거짓임을 인정한 후, 암스트롱은 남은 생을 자신의 신뢰를 회복하는 데 힘쓰고 있다.

만약 당신이 암스트롱의 팬이었다면, 처음 그가 이 사실을 털어놨을 때 기분이 어땠는지 기억하는가? 아니면 당신이 들었던 스토리가 나중에 사실이 아닌 것으로 밝혀졌을 때를 생각해낼 수 있는가? 그런 자신이 바보 같이 생각되거나 배신당한 것 같고, 화가 나는……. 혹은 이 모든 기분이 다 들지 않았는가? 당신의 비즈니스 스토리텔링이 성공하려면 그에 관련한 모든 것이 진실한 것이어야만 한다. 당연히 당신은 제임스 프레이나 랜스 암스트롱 같은 일이 자신의 커리어에 생기길 원치 않을 테니까.

의미심장하고 진정성 있는 데이터로 뒷받침되는 스토리텔링이야
말로 당신에게 도움이 된다는 것을 명심하기 바란다. 더불어 은유나
유추만을 사용하는 사람들은 '노 없이 카누를 저어가는 것'과 마찬가
지임을 깨닫기 바란다.

♣ **은유와 유추**

우리도 자주 요청을 받는데, '은유Metaphors'와 '유추Analogies'를 사용하는 데
시간을 할애하는 것도 좋다. 종종 사람들은 "이들이 스토리와 같은 것인가요?" 라
고 묻는다. 대답은 "아니, 그렇지 않습니다." 이다.
이야기에는 시작과 중간, 그리고 끝이 있다. 이것은 어떤 특정한 사건과 감성이 녹
아 있고(청중이 무언가를 느끼게 만들고), 감각적인 데이터(청중을 위해 그림을 그리는)가 있
는 것이다. 하지만 은유와 유추는 대개 그림에다 색깔을 넣거나 혹은 청중의 이해
를 돕는 쉬운 방법을 제시하는 것이다.
엄밀히 말하면 은유와 유추 사이에는 차이점이 있지만, 그냥 심플하게 유사하다고
취급하겠다. 이 둘은 청중이 무언가를 비교할 때 쉬운 방법을 일러준다. 예를 들어
셰익스피어의 유명한 말처럼 "모든 세상은 무대다." 라든지 영화 〈포레스트 검프
Forrest Gump〉에 나온 대사 같이 "엄마가 늘 말씀하셨어. 인생은 초콜릿 상자 같
아서 우리가 뭘 얻을지 알 수 없다고."와 같은 표현이다.
은유와 유추는 사람들에게 어려운 콘셉트 등을 이해시킬 때 잘 쓰이는데, 특히 사
람들을 교육할 때 유용하다. 대부분 강사나 선생님들이 방대한 은유나 유추 방법
을 쓴다.
쉬운 예로 은유는 주식시장의 강세장Bull market과 약세장Bear market 사이의
차이점을 설명할 때 쓸모 있다. 약세장은 곰이 앞발로 찍어 내리듯 장의 가격을 떨
어뜨리는 반면, 강세장은 황소가 뿔로 들이받듯이 장의 가격을 들어 올린다는 생
각에서 착안한 것이다. 간단하고 기억하기 쉽지 않은가!
주의할 점은, 은유와 유추가 반드시 청중을 감동시키거나 끌어들이지는 않는다는
것이다. 유추법을 사용할 때 사람들이 흔히 하는 실수는, 유추 자체에 설명이 필요
하다는 것이다. 유추법을 사용하는 이유는 사람들의 이해를 돕기 위해서라는 것을
명심하라. 그러므로 유추법을 사용하면서 대답보다 더 많은 질문을 하려면 쓰지

않는 게 좋다.

예를 들어 2008년 'BHP(호주의 광업회사)'가 '리오 틴토Rio Tinto(호주-영국 합작 광업 전문업체)'를 인수하려고 입찰했을 때, 업계 전문가가 사용했던 다소 무의미한 유추법을 상기해보라.

전문가는 두 거인이 정글에서 싸우고 있는 상황이라 설명하고 덧붙이기를, 마치 트럭 뒤로 뭐가 떨어질지 모르니 앉아서 구경이나 하는 것이 최상이라고 말했다. 기관 신문에서는 이 유추법이 전문가들이 언급하려는 의도로 사람들의 이해를 돕는 데는 무용지물이었다고 비웃었다. 이 유추법은 두 거인이 정글에서 뭘 했는지, 누가 트럭을 운전하고 있는지, 트럭에 떨어질 만한 것이 정확하게 무엇이었는지 등 여러 의문만을 남겼다. 바로 이런 예가 메시지를 명확히 하는 데 도움이 되지 못하는 유추가 된다.

은유와 유추는 목적을 가지고 있지만 스토리는 아니다. 그래서 은유와 유추를 적절하게(청중들의 재빠른 이해를 도모하고자 할 때) 스토리와 더불어 청중을 연결하고 끌어들이고 감화시키는 잘 혼합된 방법으로 활용하기를 제안한다.

▶ 핵심정리 ◀

◎ 잘 이해했나?

→ 비즈니스 스토리텔링은 일반적인 스토리텔링과 다르다. 비즈니스 스토리는 목적이 있어야 하고, 데이터가 뒷받침되어야 하며, 진정성이 있어야 한다. 즉 진실한 스토리로 말하고자 하는 목적과 연관되는 것이어야 한다.

→ 스토리는 리더의 의사소통에 있어 중요한 문제점 3가지를 해결하는 데 도움을 줄 수 있다.

- 당신이 이야기하는 바를 사람들이 이해할 수 있는가?
- 그들이 스토리를 기억할 수 있는가?
- 그들은 들은 스토리를 다시 이야기할 수 있는가?

데이터 한 가지만으로는 이것을 할 수 없다.

→ 스토리는 은유나 유추와는 다르다. 은유와 유추법은 청중에게 대상을 비교할 수 있는 쉬운 방법을 제시할 수 있지만 반드시 청중을 끌어들이거나 영향을 주는 것은 아니다.

→ 은유나 유추는 그 자체로 더 많은 설명이 요구된다는 것을 명심하라.

→ 비즈니스의 맥락에서는 은유와 유추, 그리고 스토리를 배합해서 사용할 필요가 있다. 은유와 유추는 청중들이 재빠르게 대상을 이해하도록 할 때 유용하며, 스토리는 청중을 연결하고 끌어들이고 자극하는 데 적절하다.

◎ 얼마만큼 이해했나?

리더로서 당신이 다음 번에 청중 앞에 섰을 때, 이 장의 어떤 요소들을 활용할 수 있겠는가? 당신이 존경하는 다른 리더는 이 장에서 쓰인 아이디어들을 사용하고 있는가?

이제 비즈니스 스토리텔링의 콘셉트를 이해했다면, 다음 장에서는 비즈니스 맥락에서 스토리텔링의 중요성을 알아보자.

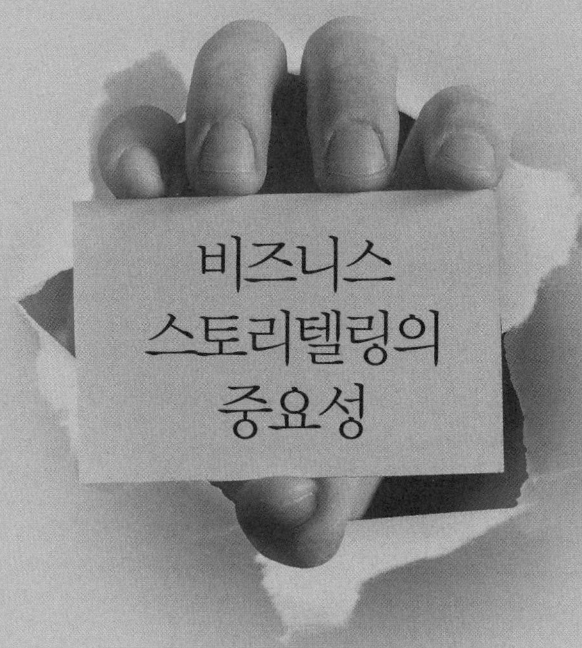

CHAPTER 2

"스토리는 리더가 가진 것 중
가장 강력한 무기다."

– 하워드 가드너Howard Gardner, 하버드대학교 교수

2장에서는 '21세기에 리더 되기'라는 어려운 과제를 수행하는 데 있어 비즈니스 스토리텔링이 어떻게 도움이 되는지를 알아볼 것이다. 또한 리더십에서 감정의 중요성과 이런 감정들이 어떤 역할을 하는지 들여다보고, 개인 신뢰도의 중요성과 '지식의 저주'라는 개념을 소개할 것이다. (걱정하지 마시길! 짧게 설명할 테니.)

팩트를 직시하라, 시대가 변했다

리더들에게 비즈니스를 하는 데 있어 스토리텔링을 이용하는 것에 관해 강연을 할 때면, 그들은 종종 "난 알고 있어요. 내가 뭔가를 놓치고 있다는 걸요!"라고 말한다. 사람들에게 할 일을 정해주고 팩트를 제공하면 당신이 원하는 것은 무엇이든지 척척 해결되는, 옛날 군대 스타일의 명령과 통제 같은 리더십은 성공할 수 없다. 아무리 그렇게 되기를 원해도 말이다!

종종 리더들은 자신의 영향력 있는 지위 때문에 사람들이 자신의 말을 순순히 듣고 적절하고 효과적으로 기대에 부응하는 행동을 취할 거라는 발상의 오류에 빠지곤 한다. 물론 그들은 타인을 리드하는 것이 생각보다 훨씬 더 복잡하다는 것을 금세 깨닫는다. 사람들은 훨씬 더 복잡한 존재이기 때문이다. 심지어 군대에서조차 커뮤니케이션과 리더십은 리더들이 매일 직면하는 가장 어려운 두 가지 과제다.

조직용 스토리텔러이자 저자인 스티브 데닝Steve Denning이 설명한 대로, 리더십은 '명령과 통제'에서 '교감과 참여'로 변모하고 있다. 오늘날처럼 사람들의 손끝에서 움직이는 정보로 넘쳐나는 정보시대에는, 리더는 더 이상 정보만을 제공할 수는 없다. 대신 정보의 세계에서 당신 주위 사람들과 어떻게 교감하고 교류할 것인지를 배워야 한다.

♣ "인터넷을 통해 우리에게 제공되는 방대한 정보의 바다에서 스토리텔링은 대중들로 하여금 즉시 정보의 내용과 의미를 파악하게 하는 수단을 제공하는 매우 중요한 자원이다."

– 존 핸슨John Hansen, 하버드대학교 교수

회사의 새로운 전략을 위해 매입을 하거나 새로운 기업 원칙을 정할 때 또는 다가올 비즈니스 변화나 새로운 제품을 구상할 때도, 청중을 사로잡을 가장 단순하고 강력한 방법은 의미와 관계를 만들어 내는 믿을 만한 스토리를 들려주는 것이다. 우리는 이러한 사실을 전 세계적으로 다양한 분야의 고객들과 함께 반복적으로 관찰해오고 있 다. 그리고 그런 스토리텔링이 효과적이다.

물론 스토리텔링이 효과적이기 위해서는 올바르게 사용되어야 한 다. 바로 이 점이 이 책을 선택한 이유 중에 하나가 될 것이고, 우리는 당신에게 이것을 어떻게 활용할 것인지를 책을 통해 알려줄 것이다.

아재들만 팩트에 집착한다

오늘날 리더로 성공하기 위해서는 당신의 레퍼토리와 능력에 스토리 텔링을 반드시 첨가해야 한다. 이것은 핵심적인 비즈니스 기술이다.

당신이 리더로서 당신의 임무는 팀원들에게 정보를 제공하는 데 있다고 생각한다면, 당신은 구글과 경쟁하고 있는 것이다 – 누가 이 길지 알아맞혀볼까? – 당신은 그 경쟁에서 결코 이길 수 없다! 순순 히 정보 제공자로서의 리더의 역할은 곧 사멸될 것이다(아직까지 사멸 된 것이 아니라면). 리더의 새로운 역할은 정보를 쓸모 있고 의미심장 하며 호감가게 만드는 것이다. 이를 위해 스토리텔링보다 더 나은 방 법이 있을까?

비즈니스 커리어 전반에 걸쳐 당신은 아마도 "팩트를 고수하라."라 는 말을 여러 번 들어봤을 것이다. 우리는 여태껏 그렇게 배워왔고, 그렇게 행동하라고 가르쳐왔다. 대부분의 비즈니스맨들이 소통할 때, 팩트에만 무게를 둔다는 사실에는 의심의 여지가 없다. 당신 자신도 대체로 같은 사고방식으로 일해왔을 것이다. 이에 대해서는 우리에게도 확실히 잘못이 있다.

팩트만 사용하는 데 따른 또 다른 단점은, 팩트나 데이터는 감정이 결여되어 있어 기억하기 어렵다는 데 있다. 이는 오직 팩트만으로는 사람들을 사로잡는 것이 매우 어렵다는 의미이다. 물론 우리를 오해하지는 마시라. 우리가 "팩트를 버려라."라고 말하는 것이 아니다. 우리가 말하려고 하는 것은, 이제는 팩트만으로 사람들에게 영향을 주고, 설득하며, 관계를 맺거나 고무시킬 수 없다는 것이다.

♣ "논리는 사람들을 사고하게 만들지만, 감정은 사람들을 행동하게 만든다."

– 지그 지글러Zig Ziglar, 저자이자 동기부여 전문가

그렇다면 팩트에 덧붙여 당신에게 필요한 것은 무엇일까?

리더로서 당신은, 팩트 – 또는 논리 – 와 더불어 자신의 메시지에 정서적인 유대를 이뤄내야 하는데, 이를 위해서는 감정을 활용해야 한다. 하버드경영대학원 교수이자 세계적으로 유명한 저자인 존 코터John Kotter는 우리에게 귀중한 통찰을 이야기해준다.

"행동의 변화는 대부분 사람들의 감정에 호소할 때 나타난다."

쇼 미 더 러브

지금쯤이면 아마도 당신은 겁에 질려 있을 것이다. 팩트만을 이야기하라고 배워왔다면 도망치고 싶을 수도 있다. 오랫동안 리더들은 비즈니스에 감정을 이용하는 것을 피해왔다. 우리는 수많은 이유들로 – 예를 들면, '이건 비즈니스야. 개인적인 일로 만들지 마!'와 같은 신념 – 비즈니스에서 감정의 영향력에 대해 무지했다. 우리는 이러한 장애들을 이겨내고 감정을 활용해서 스토리텔링에 이용하는 리더들에 관한 이야기를 해주고 싶다.

대런 화이트로Darren Whitelaw는 호주 빅토리아 주의 계획 및 지역 개발 부서의 기업 커뮤니케이션 총괄 책임자로서 각 부서의 리더들이 팀원들과 이메일을 주고받는 대신에 더 많은 대면face to face 보고를 하길 원했다. 이치에 맞지 않는가? 이것은 그가 들려준 스토리다.

> ♣ **오직 진짜만이 통할 때가 있다**
>
> 지난 달 나는 해외여행을 할 기회가 생겨서 잔뜩 기대에 부풀어 올라 있었습니다. 이번 여행이 나의 뻔한 일상에 휴식과 같은 것이었죠. 내가 해외에 있는 동안 아내는 노트북을 딸아이 전용 식탁에 설치해놓았고, 딸아이와 나는 매일 웹캠을 통해서 대화하곤 했어요.
> 한번은 노트북이 소파로 떨어졌는데 딸아이가 주워서 안고는 "아빠!"라고 소리쳤다고 아내가 얘기해줬습니다. 그 이야기를 듣고서 나는, 인생에서 가끔은 당신을 대체할 수 있는 것이 있겠지만, 어떨 때는 오직 진짜만이 통할 때가 있다는 사실을 깨닫고서 가슴이 찡했습니다.
> 우리는 리더나 의사결정자로서 매일 같은 선택을 한다는 사실을 상기하며 나는 이 스토리를 여러분과 공유하고자 합니다. 이메일을 보낼 수도 있겠지만, 우리는 밖

이 스토리를 읽은 기분이 어떤가? 아직도 대면 미팅 약속을 잡기 위해 전화기를 집어 들지 않고 있는가?

사람들은 감정에 따라 구매를 하고 논리로 정당화한다. 당신이 영업부서에서 일하고 있다면 이미 이런 개념을 인지하고 있을 것이다. 마찬가지로 리더로서 당신은, 모든 리더는 회사에서 가장 책임이 막중한 판매원이라는 사실을 이해하고 포용하는 것이 중요하다. 리더로서 당신의 역할은 직원들과 소비자, 그리고 고객을 결집해서 새로운 전략이나 새로운 업무방식 또는 새로운 사고를 받아들이도록 하는 것에 있다.

감정은 사람들로 하여금 결정하도록 설득한다. 살 것인가 말 것인가? 제품을 구매하느냐 아니면 아이디어나 새로운 전략을 구매하느냐? 바로 그것이 문제인 것이다.

감정을 활용한다는 것이, 팀원들이 다음번 서비스 수준 합의서 Service Level Agreement를 작성할 때 그들의 눈물을 쏙 빼야 한다는 의미가 아니다. 우리가 말하고자 하는 바는 일의 맥락에서 적합하고 건전한 감정의 범위로, 예를 들면 훌륭한 성과를 낸 작업에 자긍심을 느낀다거나 또는 무언가가 공평하지 않다는 느낌 등이다. 우리는 어떤 감정의 레벨이 스토리텔링에 적절한지, 또 당신이 스토리텔링을 할 때 어떻게 이것을 올바르게 활용해서 당신 자신과 청중에게 도움이 될지에 대해서는 5장에서 자세히 다룰 것이다.

이제 비즈니스에서 감정이 중요하다는 언급은 충분히 했으니, 스토리텔링이 감정을 활용한 하나의 방법이라는 점을 살펴보자.

♣ "사람을 대할 때 논리의 산물을 대하는 것이 아니라 감정의 산물을 대하는 것임을 명심하라."

– 데일 카네기Dale Carnegie,

《데일 카네기의 인간관계론How to Win Friends and Influence People》 저자

우리가 아무리 스스로를 이성적인 존재라고 믿고 싶어도 때로는 감정적으로 행동한다. 진실은, 우리는 실제로는 가끔 이성적으로 행동하는 감정적인 존재라는 것이다. 무섭게 들리지만 주식시장이나 소비자 신뢰지수, 사람들의 일반적인 행동을 보면 이것이 사실이라는 것을 알 수 있다.

감정은 비즈니스나 리더십에서 매우 중요한데, 그 이유는 감정이 당신을 위해 두 가지 막강한 일을 하기 때문이다. 감정은 기억하도록 도와주고, 행동하게 만든다.

다이애나Diana 왕세자비가 사망했다는 뉴스를 들었을 때, 당신이 언제 어디서 그리고 무엇을 하고 있었는지 기억하는가? 그렇다면 911 테러사건이 발생했을 때는? 우리가 겪은 경험에 대한 격렬한 감정적인 반응들로 인해 우리는 이런 사건들을 기억하는 것이다.

감정은 사람들의 기억을 되살려주고 행동의 자극제가 된다.
그렇기 때문에 리더는 감정을 활용해야 한다. 이것을 실천하기 위한
가장 간단하지만 확실한 방법은, 스토리를 활용하는 방법이다.
왜냐하면 모든 스토리의 핵심은 감정이기 때문이다.

우리와 일했던 한 리더는, 지속적으로 좋은 직원을 끌어들이고 유지하는 노력이 무엇보다 중요해졌다는 사실을 자신의 사업 부문에 설득시켜야 하는 어려움에 직면했다.(컨설팅회사인 '맥킨지 앤 코 Mckinsey & Co'는 이것을 '인재 전쟁'이라고 부른다.) 이것은 그녀가 들려준 스토리다. 그녀는 감정을 활용해서 청중들이 기억하고 행동을 취하도록 만들었다.

♣ 우유 상자

내가 열네 살이 되었을 무렵, 아버지는 매주 나를 축구장으로 데려 갔어요. 우리는 주로 옥외 관람석에 있었고, 경기장에서 멀리 떨어져 있어서 종종 경기의 결정적인 순간을 놓치곤 했죠.

한번은 우리는 우유 상자를 가지고 가서 그 위에 서서 경기를 보기로 했어요. 그건 정말 훌륭한 생각이었죠. 드디어 나는 누구보다도 경기를 잘 관람할 수 있었죠. 물론 다음 주 경기 때에도 우유 상자를 가지고 갔지만, 이번엔 다른 사람들도 자기네 우유 상자를 가져 왔다는 것을 알았죠. 사실 우리는 우리가 처음으로 트렌드를 시작했다는 데 약간은 격앙되었었죠. 아쉽게도 몇 달도 안 돼 거의 대부분의 사람들이 우유 상자를 가져 왔고, 우리는 또다시 처음 상태로 되돌아와야 했습니다.

경기장에서 내가 겪었던 경험이 지금 우리가 치르는 '인재 전쟁'을 떠올리게 합니다. 우리는 단순히 트렌드를 시작한 선두주자라고 해서 행복해질 수는 없습니다. 따라서 우리는 다음의 우유 상자는 무엇이 될지 끊임없이 살펴야 합니다.

리더로서 팀원들과 관계 맺고, 관여하고, 영감을 주기 위해서는, 당신은 감정이 당신에게 불리하지 않고 도움이 되도록 활용하는 방법, 그리고 그렇게 하기 위한 도구로써 스토리텔링을 사용하는 방법을 알아야 한다.

신뢰가 중요하다

팩트와 함께 논리와 감정에도 신뢰성이 필요하다. 리더로서 청중이 당신을 믿게 만들기 전에 어느 정도 신뢰성이 확보되어 있어야 한다. 즉 그들이 당신의 메시지를 믿기 전에 당신을 믿을 수 있어야 한다는 의미다. '비즈니스 신뢰 구축하기 2012Building Trust in Business 2012' 라는 리서치에서 보여주듯이 신뢰는 있어서 좋을 뿐만 아니라 상업적인 측면에서도 필수적인 것이다. 이 리서치는 신뢰와 리더십에 관해 300곳이 넘는 세계적인 기업의 440여 명의 리더들을 대상으로 조사했다. 우수한 비즈니스 성과를 달성한 기업들이 신용, 리더십 그리고 협업 분야에서도 높은 평점을 받았다는, 상관관계가 분명하고 명백한 결과가 나타났다.

대개 신용과 신뢰는 오랜 시간을 거쳐 쌓아야 하는 반면, 리더로서 이 부분을 신속하게 처리해야 할 때가 있다. 이는 새로운 팀을 이끌어가게 되었거나 새로운 팀원이 당신의 부서에 참여하게 되었을 경우를 말한다. 또한 구직을 위한 인터뷰나 사람들 앞에서 프레젠테이션이나 세일즈를 할 때 역시 마찬가지다.

당신이 그리 믿을 만한 사람이 아니거나 신용도가 없다면 권하지
는 않겠지만, 그렇다 하더라도 당신이 꾸준히 개인 건강을 위해 운동
하듯이 당신이 쌓아온 신뢰도를 유지하도록 지속적으로 노력해야 한
다. 이는 비즈니스에서 매우 중요하고, 변화와 불확실의 시대에는 필
수적이다. 의심의 여지없이 이것을 하기 위한 가장 좋은 방법은 행동
과 결정을 통해서다. 행동은 언제나 말보다 더 큰 목소리를 낸다. 그
다음 좋은 방법이 적절한 스토리를 이용하는 것이다.

♣ "설득하기 위해서는 반드시 믿을 만해야 되고, 믿을 만하기 위
해서는 신뢰할 수 있어야 되고, 신뢰할 수 있기 위해서 꼭 진실해
야 한다."
– 에드워드 R. 머로우Edward R. Murrow, 아메리칸 브로드캐스트 저널리스트

우리 고객 중에 한 명이었던 로브 제거Rob Jager는 '쉘Shell' 뉴질랜
드 지사장으로 부임했다. 로브에게는 새로운 직책이었고, 그가 전하
고 싶은 핵심 메시지는, "회사 돈을 쓸 때, 내 돈이라면 그곳에 쓸 것
인지 생각하라."라고 말하는 것이었다. 하지만 그는 새로 부임해온
사람이었다. 어떻게 사람들이 그와 그의 메시지를 믿겠는가? 이는 그
가 다른 회사의 정책을 표방한 것일 수도 있었다.

우리는 그에게 왜 이 메시지가 중요한지를 물었고, 그는 다음의 스
토리를 들려주었다.

그리고 나서 우리는 로브에게 이 스토리를 회사의 직원들과 나누었냐고 물어보았다. 그는 뭐라고 답했을까? 그는 그렇게 하지 않았다고 말했다. 그래서 로브는 이 스토리를 그가 말하고자 한 핵심 메시지인 "회사 돈을 쓸 때, 내 돈이라면 그곳에 쓸 것인지 생각하라." 메시지의 한 부분으로 쓰기 시작했고 훨씬 더 나은 반응들이 쏟아졌다.

이전까지 로브는 순수하게 논리를 통해서만 어필하려고 시도하고 있었다. 사실 "회사 돈을 쓸 때, 내 돈이라면 그곳에 쓸 것인지 생각하라."는 조금 어정쩡한 메시지였다. 어린 시절 스토리를 통해 로브는, 부모님의 그 메시지가 자신에게 진정 의미 있는 메시지였으며 이것은 단순한 비용 삭감 계획이 아니라는 신뢰를 얻었다.

이처럼 개인적인 스토리는 메시지에 감정적인 연결고리가 되기도 한다. 로브의 스토리를 들으며 아마도 어린 시절 부모님이 해주시던 비슷한 충고를 떠올리게 될지도 모르겠다.

승리의 3요소

지금까지 우리는 왜 논리가 필요한지, 어떻게 감정적인 연결고리를 만들 것인지를 살펴보았고, 비즈니스 리더로서 신뢰의 필요성도 알아보았다. 무엇보다도 당신에게는 이 세 가지가 모두 다 필요하다.

아리스토텔레스의 설득 모델

그리스의 철학자 아리스토텔레스는 설득의 세 가지 주된 형태를 모델로 제시하였다. 로고스(논리), 에토스(개인의 신뢰도와 성품) 그리고 파토스(감정적 연계). 이 모델은 만들어진 지 대략 2500여 년이 지났지만 아직까지도 널리 쓰이고 있다. 이 모델이 원조라면 아리스토텔레스는 자신을 최초의 컨설턴트라고 주장했을지 모른다.

- 논리

  논리 – 로고스Logos – 는 데이터, 팩트, 수치 그리고 청중들이 보고 들어야 하는 비즈니스적인 근거 등을 의미한다.

- 개인의 신뢰도

  개인의 신뢰성 – 에토스Ethos – 은 믿을 만한가의 척도를 가늠하며 당신이 전달하려는 메시지에 대한 청중의 눈에 비친 당신의 신뢰도를 나타낸다. 이는 지위가 주는 신뢰도(조직 내의 지위로부터 나오는 신뢰도)가 아니라는 것을 명심하라. 개인에게 주어진 신뢰도를 의미하며 청중의 눈에 당신이라는 개인이 얼마나 신뢰할 만한

가를 말해주는 것이다.

기업의 CEO에게는 지위가 주는 신뢰감이 있지만 이것이 그들 개인의 신뢰도는 아니다. 예를 들어 존 플레처John Fletcher가 '콜스 마이어Coles Myer(호주 최대 슈퍼마켓 체인)'의 CEO로 지명됐을 때, 그는 25년간 슈퍼마켓 비즈니스는 해본 적이 없다고 인정해서 그의 직원들과 주주들에게서 개인적인 신뢰를 잃었다.

- 감정적인 연계

감정적인 연계 – 파토스Pathos – 는 청중을 당신과 당신의 메시지로 연결해주는 정도를 뜻한다. 새로운 아이디어를 직원들이 받아들이도록 격려할 때나 고객이 회사의 제품이나 서비스를 구매할 때 감정적인 교감을 만들 수 있어야 한다.

설득 모델 적용하기

비즈니스에서 위의 설득 모델이 당신에게 어떤 의미일까? 사람들은 비즈니스 커뮤니케이션을 할 때 시간의 약 90퍼센트를 '논리'에 할애하는 경향이 짙다. 우리는 대개 팩트, 수치, 평가, 투자회수, 변해야 하는 이유 그리고 수익 등을 이용해서 이를 데이터화한 후 정산표, 파이 차트 혹은 파워포인트 발표 등에 넣는다. 팩트가 중요하지 않다는 얘기가 아니다. 앞에 열거한 것들은 아주 중요한 것들이다. 그러나 의도하는 바는 팩트가 정보를 제공하는 기능은 하지만 설득하지는 못한다는 사실이다.

만약 논리 하나만으로도 충분하다면, 우리는 담배를 피우거나 운

전 중에 과속하지 않을 것이다. 또 매일 알맞은 식사를 하고, 운동도 하고, 우리의 고객은 경쟁사를 제치고 우리 제품을 살 것이며, 직원들은 새로운 변화에 맞추려 노력하고, 아이들은 우리가 말한 대로 따르려고 할 것이다. 그렇지 않은가?

따라서 리더로서 성공적으로 설득하고 싶다면, 아리스토텔레스 설득 모델의 다른 두 가지 요소 역시 살펴봐야 한다. 21세기의 리더는 먼저 에토스를 활용해서 청중들이 당신을 신뢰하게 만들어야 한다. 그런 다음 활용할 수 있는 적절한 감성(파토스)을 찾아내서 당신의 메시지가 청중에게 잘 전달되도록 하는 것이다. 에토스와 파토스로 당신과 당신의 메시지를 판매하는 것이다. 우리가 판매에 관해 이야기할 때 단순히 소비자에게 물건이나 서비스를 판매하는 전통적인 방식만을 말하는 것이 아니다. 우리는 당신이 리더로서 자기 자신과 리더십, 전략, 비전 그리고 당신이 가지고 있는 훌륭한 아이디어를 기업의 직원들과 주주들에게 어떻게 어필할 것인지를 이야기하는 것이다.

오늘날 사람들은 자신의 리더를 신뢰할 수 있기를 원한다. 또 그들은 리더인 당신과 유대 맺기를 원한다. 논리를 창밖으로 내다버리라는 의미가 아니라 설득하기 위한 세 가지 요소들을 잘 조합해야 한다는 것이다. 개인의 신뢰, 감정적인 연계 그리고 바람직한 논리.

우리는 아리스토텔레스의 설득 모델을 삼각대 형태로 알아보았
다. 지금 우리 대부분은 가장 긴 다리(논리)와 거의 존재감이 없는 두
개의 다리(개인적 신뢰도와 정서적 교감)를 가진 삼각대 위에 앉으려 한
다. 그렇다면 이 세 개의 다리를 대등하게 해보자. 결합된 논리, 개인
의 신뢰도, 정서적인 교감 등이 서로 소통될 때, 당신은 감동을 주는
리더가 될 확률이 높아진다.

당신에게 로고스의 도움이 없다고 가정해보자 – 물론 당신은 이미
당신의 메시지에 필요한 모든 로고스를 다 갖추고 있을 테지만. 우리
가 당신에게 심사숙고해보라는 것은 당신의 메시지를 어떻게 에토스
와 파토스만으로 성립시킬 수 있는가이다.

로고스와 에토스, 파토스가 잘 어울려 사용됨으로써 놀랄만한 성
공을 이뤄낸 몇 가지의 사례를 보자.

설득을 위한 아리스토텔레스의 모델이 활용되어 널리 알려진 한
가지 예로, 전 미국 부통령이었던 앨 고어Al Gore가 2006년에 '기후변
화와 지구 온난화'를 주제로 만든 슬라이드 형식의 다큐멘터리 영화
〈불편한 진실 The Inconvenient Truth〉이 있다. 기후변화와 지구 온난
화를 둘러싼 각종 데이터와 추론들은 이미 잘 알려져 있었다. 그러나
자신의 개인적인 신뢰성과 정서적인 교감으로 이 문제를 회의 테이
블로 가져온 사람은 앨 고어가 처음이었다. 기후변화에 대한 그의 관
심과 열정이 영화에 잘 반영됐고, 북극곰이 기후변화로 인해 자신의
주거지를 잃어가는 것을 보여줌으로써 감정적인 교감을 이슈로 접목
시킨 첫 번째 인물이었다. 이는 아리스토텔레스 모델의 세 가지 요소
가 조화롭게 실행된 훌륭한 사례다.

또 리더십 개발 컨설턴트인 로레다나 모레토Loredana Moretto는 자신과 청중을 신뢰가 가고 정서적인 방법으로 연결시키는 데 어려움에 처하게 되었다. 그녀는 신참 리더들을 일 년 동안 리더십 개발 프로그램에 영입하는 책무를 맡고 있었다. 프로그램 과정은 투명하게 진행되고 사람들에게 필요한 모든 로고스는 제공되었지만, 그녀는 자신이 이 프로그램을 투명하게 관리하고자 하는 확고한 의지를 가지고 있고, 성공한 혹은 성공하지 못한 지원자 모두에게 피드백을 준다는 걸 보여주고 싶었다.

아래 이야기는 그녀가 에토스와 파토스를 활용한 스토리다.

♣ 심술궂은 포드 선생님

초등학교를 다니던 어린 소녀 시절 나는 학교를 무척 좋아했습니다. 나는 남아프리카공화국에서 자랐고, 학교는 새 학년이 되면 선생님이 바뀌는 시스템이었죠. 해가 바뀔 때마다 나를 예뻐해주는 선생님을 만난 나는 무척 운이 좋았습니다. 나는 운동선수였고, 학교 과제도 재밌었어요. 그러던 어느 해에, 내 담임은 미세스 포드 선생님이 되었는데, 나는 그녀의 별명을 '심술궂은' 포드 선생님이라고 지었어요. 나는 알지 못했던 어떤 이유로, 포드 선생님은 나를 다른 아이들과 다르게 대했어요. 학교에서 하는 어떤 '멋진' 프로젝트에 참여하도록 초대받지도 못했죠. 난 제외됐지만 그 이유가 무엇인지 알지 못했어요. 그래서 난 학교 성적을 올리려고 부단히도 애썼지만 소용없었어요.
어느 날 교실 맨 앞줄에서 약간의 소동이 일어났고, 난 그 맨 앞줄에 있었어요. 하지만 그 소동은 내가 일으킨 것도 아닌데 선생님은 나를 보더니, 무슨 일이 일어났는지 묻지도 않은 채 나를 지목해 불러내서 나에게 교실 바닥에서 숙제하라고 말했죠. 내 창피함은 이루 말할 수 없을 정도였어요. 아이들이 다 지켜보는 교실 맨 앞줄 바닥에 나는 동물처럼 앉아야만 했죠. 그날 이후로 나는 학교에 관심도 흥미도 잃게 되었어요.
다행히도 다음 번 선생은 정말 멋진 분이셨고, 나는 원래대로 돌아올 수 있었어요.

나는 언제나 피드백을 받아들입니다. 무슨 일이 왜 일어났고, 그 일이 어떻게 나에게 영향을 미치는지 알고 있죠.
왜 내가 당신들에게 이 '심술궂은' 포드 선생님 경험담을 이야기하는 걸까요? 오늘날 나는 리더십 개발 프로그램을 운영하는 책임을 맡고 있습니다. 이 프로그램에 참여하는 그 누구도 – 그들이 성공했든 아니든 – 내가 지켜보는 한, '심술궂은' 포드 선생님을 경험하게 해서는 안 된다는 교훈을 얻었기 때문입니다.

스토리가 얼마만큼 신뢰도와 정서적인 접근에 도움이 되는지 이해하는 것은 매우 중요하다. 아마도 당신이 사람들과 관계를 맺고, 교류하고, 감동을 줄 때, 스토리야 말로 설득의 핵심적인 이 두 가지 요소를 포용할 수 있는 가장 효과적이고 확실한 방법일 것이다.

지식의 저주

스토리를 직관적으로 쓰는 리더라면 자신의 메시지가 청중이 이해할 수 있도록 소통돼야 하는 본분이 자신에게 있다는 사실에 동의할 것이다.

> ♣ "청중을 경외하라. '이해하는 것'은 청중의 과제가 아니라 메시지로 청중과 소통하는 당신의 임무다."
>
> – 브라이언 맥도널드Brian McDonald, 《보이지 않는 잉크Invisible Ink》 저자

이런 리더들은 기본적으로 모든 사람이 지식의 저주에 빠져 있다는 것을 인지하고 있다. 비결은 저주를 피할 방법을 찾는 것이다. 그렇다면 지식의 저주란 무엇일까? 우리는 엘리자베스 뉴튼Elizabeth Newton이 스탠포드대학교 박사 논문에 발표한 조사 자료에서 '지식의 저주Curse of Knowledge'라는 단어를 처음 접했다.

뉴튼 박사는 한 무리의 실험 참가자들에게 두 사람씩 짝을 짓게 하는 간단한 실험을 했다. 짝 중 한 사람에게는 두드리는 역할을 주고 다른 쪽에게는 듣는 역할을 주었다. 두드리는 역할을 맡은 사람들에게 생일 축하곡 같은 25개의 잘 알려진 노래를 들려주었다. 두드리는 역할의 실험자들은 노래를 고른 다음 음악에 맞게 두드려서 듣는 상대가 그 노래의 제목을 알아맞히도록 했다. 실험은 아주 간단했다.

뉴튼 박사는 두드리는 역할자에게 얼마만큼 성공할지 물어보자 그들은 50퍼센트 정도의 사람들(듣는 사람)이 노래 제목을 맞출 것으로 예상한다고 대답했다. 하지만 실제 결과는 놀랍게도 2.5퍼센트 정도로 낮게 나왔다. 왜 이런 결과가 나온 것일까? 이는 다름 아닌 지식의 저주 때문이다. 두드리는 역할자의 마음속에 노래들이 확고히 자리매김하자 그들은 이 노래를 모른다는 사실을 상상하기 힘들었던 것이다. 그들이 품고 있던 지식(노래 제목)이 그들에게 저주가 된 셈이다.

이런 결과는 우리 자신이 의사소통자로서 우리의 능력을 과대평가한다는 것을 시사한다고 뉴튼은 서술했다. 또한 우리는 가지고 있는 지식으로부터 저주받고 있는데, 이는 다른 사람 역시 똑같은 지식을 갖고 있을 것으로 예상하기 때문이다. 우리는 일단 사람들에게 무엇

을 이야기해주면 그들이 '바로 이해할 것'이라고 생각한다. (아이가 있
는 사람은 당연히 아니라는 것을 알겠지만!)

치명적인 질병처럼 어느 누구도 언제든 지식의 저주에 한 방 먹을
수 있다. 종종 리더들이 전략이나 또는 주요 변화 등에 대해 커뮤니
케이션할 때 지식의 저주에 빠지곤 한다. 그들은 며칠 또는 몇 달 동
안 전략에 관해 회의를 하고선, 사람들이 한 시간짜리 프레젠테이션
을 보고 이해하리라고 기대하는 것이다.

당신 역시 인생의 많은 부분에서 이 지식의 저주로부터 영향을 받
게 될 것이다. 우리 모두 마찬가지다. 지난번 발표했던 프레젠테이션
을 떠올려보라. 지식의 저주에 빠진 적이 있는가? 고객에게 이야기할
때나 팀원들에게 보고할 때는 어땠는가? 자신이 한 얘기를 생각해보
라. 어쩌면 자신의 지식 때문에 저주가 걸린 것이 아닌지 스스로에게
물어보라.

그래서 첫 번째 과제는, 기본적으로 자신에게 지식의 저주가 있는
지 이해하는 것이다. 이제 우리는 당신이 어떻게 지식의 저주를 피할
수 있는지 보여줄 것이다.

저주 피해가기

배우 덴젤 워싱턴Denzel Washington은 영화 〈필라델피아Philadelphia〉에서 "나를 네 살짜리라고 생각하고 설명해주세요."라고 말한다. 이는 정말 훌륭한 대사이고, 또 지식의 저주를 피해갈 좋은 방법이기도 하다. 간단히 말하자면 당신이 설명하려는 것을 전혀 모르는 사람과 커뮤니케이션하려고 애쓰는 것과 일맥상통한다. 쉽게 이야기할 필요도 없고 저자세를 취할 필요도 없다. 그러나 어린아이가 당신이 하려는 말을 이해할 수 있겠는가?

지식의 저주를 피해갈 성공적인 방법 중에 한 가지가 바로 스토리를 이용하는 것이다.

훌륭한 비즈니스 스토리텔러들은 정보를 지나치게 단순화하지 않고도 복잡한 것들을 간소하게 만든다. 1960년대 미국 존 F. 케네디 John F. kennedy 대통령은 우주여행이라는 비전을 품었다. 그 시대에 일반인들은 비행기조차 타보지 못했다. 그렇다면 케네디 대통령은 어떻게 그의 비전을 대중에게 펼칠 수 있었을까? 그것은 "10년 내에 우리는 인류를 달에 보낼 것이고, 지구로 안전하게 돌아오도록 할 것입니다."라는 이야기로 가능했다.

《스틱》의 저자 댄 히스와 칩 히스는 만약에 케네디 대통령이 오늘날의 CEO였다면, 아마 그는 이런 식으로 이야기했을 거라고 짐작한다. "우리의 임무는 팀team중심적 이노베이션의 극대화와 전략적 타깃인 항공 우주의 주도권을 통해 우주산업 분야의 글로벌 리더가 되는 것입니다." 와우!

또 케네디가 미항공우주국 나사NASA를 방문했을 때, 청소부를 만난 일화는 전설로 내려오기도 한다. 그는 청소부에게 "여기서 무슨 일을 하고 있나요?"라고 묻자, 그 청소부는 "인간을 달에 보내도록 돕고 있습니다."라고 대답했다.

당신의 메시지가 저 정도의 파급력이 있다고 상상해보라. 회사 내의 모든 사람들이 – 임원부터 말단직원까지 – 이 회사의 정책 방향을 정확히 숙지하고 있다고 생각해보라. 리더로서 당신은 자신이 품고 있는 같은 수준의 정확성과 이해력, 기여도를 목표로 하고 있을 것이다. 이는 당신의 메시지가 쓸모가 있고 연관성이 있으며 의미 있을 때만 가능하다.

우리의 고객 중 한 명은 글로벌 금융기업의 최고 정보 책임자CIO, Chief Information Officer로 일하고 있는 여성 임원이었다. 최근 실시한 그녀에 관한 직원의견 설문조사는, 직원 결속력 수치가 통제 불능 상태로 소용돌이 치고 있다는 사실을 보여주었고, 그녀는 그 이유를 알지 못했다. 우리는 포커스그룹을 조직해 직원들이 회사의 새로운 전략에 대해 어느 정도 이해하고 있는지 알아내는 것을 포함한 몇몇 컨설팅 작업을 실시했다.

우리는 CIO인 그녀에게 결과를 설명한 자리에서 직원들의 기업 전략의 이해 정도가 부족하다고 보고했고, 그녀는 격앙된 어조로 책상을 치면서 "믿을 수 없군요. 기업의 비전과 전략은 여러 번 전달되었고, 모든 커뮤니케이션 자료에는 그에 대한 도표도 있었습니다."라고 주장했다. 그리고는 자신의 최근 파워포인트 발표 자료를 보여주면서 가장자리를 가리켰다. 가장자리에는 전략 도표가 있었다. 도표는 전문적인 이미지가 담겨 있었고 매우 효과적으로도 보였다. 하지만 상당히 '복잡해' 보였다. 그래서 "아! 이게 모든 사람들이 말하는 '우주선'이군요!"라고 대답해주었다.

그녀는 자신이 맞다고 생각하고 있었던 만큼 그녀의 고민 또한 당연한 것이었다. 비즈니스를 함에 있어 그녀는 잘 설계된 그래픽 이미지가 새로운 전략을 드러내는 데 적당하다고 생각하고 있었다. 하지만 실제로 도표는 지나치게 복잡했다. 어떠한 스토리가 없이는 전략을 이해시킬 수 없다는 점을 어느 누구도 이해하지 못했고 연관 지어 생각지도 못했다. CIO와 그녀의 리더십 팀은 지식의 저주로부터 고통 받고 있었다. 그들의 마음속에서 그들은 이미 이 도표를 통해 전략에 관한 여러 차례 커뮤니케이션을 했다. 그러나 아무도 이를 이해하지 못했고 그들의 노력이 허사로 끝났기 때문에 리더들은 몹시 혼란스러웠던 것이다. 그러는 동안 직원 결속력 수치는 아래를 향하고 있었다.

그렇게 되자 리더들은 스토리텔링의 개념을 접하게 되었고 지식의 저주를 어떻게 피할 수 있는지를 알게 되었다. 그들은 전략에 관해 설명하는 데 스토리를 이용하기 시작했고, 이로 인해 직원 결속력 수치를 9퍼센트 끌어올리는 결과를 가져왔다.

♣ "사람들을 이해시키는 방법으로 복잡한 메시지를 가지고 소통하는 것은 매우 힘들다. 전문용어를 쓰는 건 쉽지만, 이 역시 모든 사람들이 이해하는 방법으로 소통할 수 있는 무언가를 진심으로 이해해야만 사용할 수 있다."

– 존 스튜어트John Stewart, 텔스트라 코퍼레이션 회장

존 스튜어트John Stewart가 호주 국립은행 CEO로 재직하던 시기였던 2008년은 전 세계적으로 금융위기 사태가 벌어져 은행은 그야말로 밤사이에 전략을 수정해야만 했다. 존은 시드니와 호바트를 횡단하는 요트 경주에 여러 차례 참가한 열성적인 세일러답게 항해술에 관한 스토리로 전략 변화의 중요성을 이야기했다. 그는 과거 위험에 처했던 항해 경험들을 회상하며 직원들에게 목표를 경기에서 이기기보다 배와 선원들이 폭풍우를 뚫고 무사히 시합을 마치는 것으로 바꾸라고 이야기했다.

이 사례는 리더들 사이에서부터 팀원들에게까지 회자되며 전해져 내려오고 있다. 이런 사태가 발생하면 리더로서 당신은 지식의 저주를 피해야 한다는 사실을 알아야 한다. 또한 존 스튜어트가 들려준 이 스토리는 리더십 커뮤니케이션의 세 가지 문제점을 해소하는 데 도움을 주고 있다 – 당신이 이야기하고 있는 바를 청중이 이해하는지 인지하는 것, 당신의 스토리를 그들이 기억할 수 있는 것, 그리고 들은 스토리를 다시 이야기할 수 있는 것.

몇 년 후 존은 그 간단한 이야기로 전략적 목표에서 전체적인 조직 변화의 필요성을 설명했다고 이야기해주었고, 그리고 그것이 통했다.

비즈니스를 하는 리더라면 잠재적으로 어디서 지식의 저주가 생기는지 신중히 생각해보고 또 스토리텔링이 어떻게 지식의 저주를 피해가도록 도와줄 수 있는지를 심사숙고해야 한다.

◎ 잘 이해했나?

→ 아재들만이 팩트에 목멘다.

→ 정보 제공자로서의 리더의 역할은 퇴화됐다.

→ 당신은 리더이지 구글이 아니다. 그러니 팩트와 데이터를 간단하게 전달할 수 없다. 쓸모 있고 관련되고 의미 있는 방식으로 정보를 제공해야 한다.

→ 팩트와 데이터는 기억해내기 힘들다. 사람들을 단지 팩트만으로 사로잡을 수는 없다.

→ 리더로서 교감하고 교류하고 영감을 주기 위해서는, 감정이 사람들로 하여금 기억하고 행동을 취하는 데 도움이 되고, 또 뇌에 급속히 전달된다는 사실을 이해하고 받아들여야 한다.

→ 스토리텔링은 가장 간단하지만 감정을 파고들 수 있는 가장 효과적인 방법이기도 하다.

→ 팩트, 논리, 감정에 더하여 리더로서 신뢰가 필요하고 사람들이 당신의 메시지를 믿기 전에 당신을 먼저 신뢰할 수 있어야 한다.

→ 아리스토텔레스의 설득 모델이 제시하듯, 우리는 설득하기 위해 논리, 개인적인 신뢰 그리고 정서적 교감이 필요한데, 스토리텔링이 이를 가능하도록 도와준다.

→ 우리 모두는 지식의 저주 범주 안에 있다. 이를 명심하고 스토리텔링을 이용함으로써 이를 잘 피해갈 수 있다.

◎ 얼마만큼 이해했나?

→ 아리스토텔레스의 설득 모델을 이용해서 자신의 현재 커뮤니케이션 방식을 되새겨보라. 팀 미팅을 주재하는 것에서부터 프레젠테이션이나 써놓은 이메일까지. 에토스나 파토스와 비교해 이 중 얼마만큼이 로고스의 공간을 차지하는가?

→ 어디서 지식의 저주에 빠질 수 있는지 확인하라. 이것이 당신이 항상 쓰는 문구에서 나타나는가 아니면 새로운 전략과 연관 있는 것인가? 지난날을 떠올려보라. "왜 그들이 이해하지 못하지?"라고 했던 말이나 생각들을 기억하는

가? 이것이 바로 지식의 저주에 빠질 수 있다는 좋은 지표가 된다.

이 장에서는 왜 리더에게 스토리텔링이 필요한가, 왜 특별히 스토리텔링인가 그리고 왜 지금인가에 대해 살펴보았다. 다음 장은 당신이 어떤 유형의 스토리텔러인지 밝혀주는 데 도움이 될 것이다.

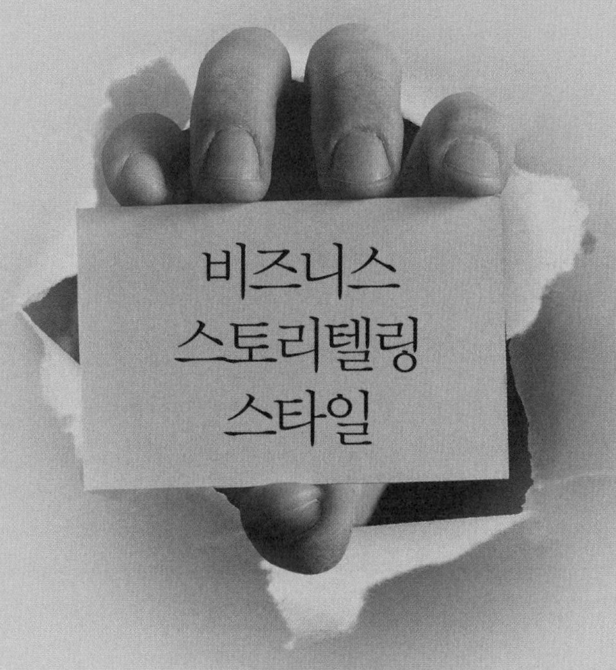

CHAPTER 3

"사람들을 다른 곳으로 데려갈 수 있는
스토리를 위한 공간은 항상 존재한다."

– 조앤. K. 롤링J. K. Rowling, 《해리 포터 시리즈》 작가

모든 이에게 스토리를 이야기할 능력이 있다는 것은 좋은 소식이다. 이는 매혹직이고 재미있으며 확실한 목적을 가진 스토리부터 행동에 영향을 끼치는 스토리까지 모두 다 포함된다.

첫째로 당신이 해야 할 일은 당신이 어떤 유형의 스토리텔러인가를 아는 것이다. 이 방식이 당신의 부족한 점을 드러나게 하고 발전시킬 수 있도록 도와줄 것이다. 그래서 우리는 이 장을 주의 깊게 들여다볼 것이다.

그런 다음 4장에서는 당신의 스토리를 빛을 맛깔 나는 재료들에 대해 알아보고자 한다.

4가지 유형의 스토리텔러

여러 해 동안 강연회를 개최해오면서 우리는 다양한 비즈니스와 사업 분야에서 다수의 다른 리더들을 관찰해왔다. 직위, 성별, 나이 혹은 인종에 상관없이 비즈니스 스토리텔러는 각기 다른 4가지 유형이 있다고 결론 내렸다.

- 회피자 The Avoider (낮은 참여도와 낮은 목적의식)
- 조커 The Joker (높은 참여도와 낮은 목적의식)
- 리포터 The Reporter (낮은 참여도와 높은 목적의식)
- 격려자 The Inspirer (높은 참여도와 높은 목적의식)

각각의 스타일은 두 가지 사항에 의해 결정된다.

첫 번째는, 당신의 스토리가 얼마나 호감 가고 매력적인가를 보는 것이다. 이 범위는, 매우 낮거나 거의 없는 참여도로 청중의 관심을 끌거나 이목을 집중시키는 데 실패하는 것에서부터 청중들이 당신의 말 한 마디 한 마디에 넋을 놓고 듣는 아주 높은 참여도까지를 의미한다.

두 번째 요소는, 당신의 스토리가 강력한 목적을 가지고 있는가로 가늠한다. 이 역시 당신이 하는 이야기의 의도를 파악하지 못하거나 무엇을 목적으로 하려는 것인지를 알 수 없는 매우 낮은 수준부터, 의도가 분명하고 당신이 원하는 대로 청중이 생각하고 느끼는지를 인지하고 무엇보다 중요하게 청중이 당신의 스토리를 듣고 난 후 다

그림 3.1 돌란 나이두의 스토리 인지 모델

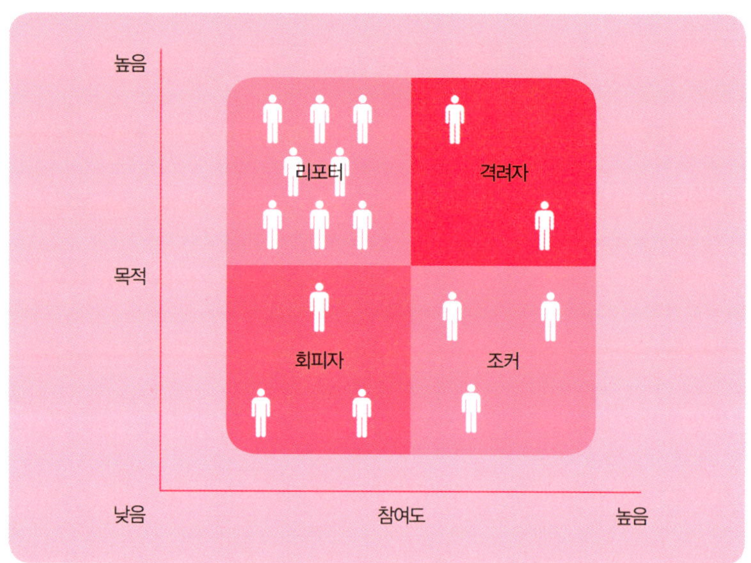

르게 행동하는 높은 수준까지를 말한다.

당신의 비즈니스 스토리텔링 스타일을 결정짓는 데 도움을 주기 위해 [그림 3.1]에서 보여주듯이 '돌란 나이두의 스토리 인지 모델'을 개발했다.

이 모델은 4가지 스토리텔링 스타일을 나타내며, 자신의 스타일을 알려주는 데 그 목적을 두고 있다. 당신이 자신의 스타일을 알게 된다면 자신이 구사하는 스토리텔링의 양상을 이해하게 되고, 점차적으로 격려자 쪽으로 이동하는 데 초점을 맞추게 될 것이다.

이제 4가지 스토리텔링 스타일을 살펴보자.

회피자

회피자들은 여러 다른 모습으로 나타나곤 한다. 당신이 회피자라면 전반적으로 스토리 사용하기를 꺼릴 것이다. 아마 당신은 과거에 배워왔던 것들이나 몸담았던 다양한 조직과 문화 등에 바탕을 둔 스토리를 비즈니스에 사용하는 것은 부적절하다고 생각하고 있을지 모른다. 아니면 당신은 스토리가 효과적이라는 사실을 못 믿는 것일 수도 있다. 또 '난 절대 스토리 따위는 말하지 않을 테야!'라고 생각하고 있을 수도 있다. 정리하면 이런 유형의 회피자는 미지에 대한 두려움이 있다.

다른 유형의 회피자들은 스토리를 사용하기는 한다. 적어도 그들은 그렇게 생각한다. 그들이 말하는 소위 '스토리'란 자신의 성공 사례들로, 활기가 없고 반복적인 경향으로 흐르기 쉽다. 당신이 이런 유형의 회피자라면 당신은 '옛날 좋았던 시절'이나 '전쟁 이야기'를 하려고만 할 것이다.(아마 당신은 조직에 적어도 한 사람 쯤은 이런 류의 사람이 있다는 사실을 알 테지만!)

당신이 회피자라면 일반적인 스토리텔링과 비즈니스 스토리텔링의 차이점을 모르고 있을 수 있다. 이는 청중들이 당신을 피하게 만드는 큰 대가를 치르게 할 것이다! 그들은 당신이 열심히 연설하는 동안에 눈을 굴려 가며 '크리켓 경기 얘기는 그만!'이라고 생각할 것이다. 다행히도 당신이 이 책을 읽고 있으니 이제는 더 이상 그럴 일은 없으리라 믿는다.

조커

당신이 조커라면, 짐작하듯이 수많은 재미있는 스토리를 이야기할 것이다. 이런 스타일은 술집으로 초대받는 기회가 아주 많다. 당신은 파티에 인생과 영혼을 걸었다! 일부 사람들은 당신의 얘기를 듣는 걸 좋아한다. 주된 목적은 사람들을 웃게 만드는 것으로, 물론 이것은 엄청난 재주이기는 하다. 그러나 당신의 스토리에 적잖은 참여도가 있다 해도 사람들을 웃기는 것 외에는 다른 목적을 찾기는 힘들다. 그래서 당신은 많은 비즈니스 기회를 놓치고 있는 것이다!

당신의 스토리에 목적을 장착하는 법을 배우다면 – 비즈니스적인 측면에서 이루려 하는 – 이는 엄청나게 큰 효과를 가져올 것이다. 당신은 이미 충분히 매력 있고 기억에 남을 만한 스토리를 이야기했으니, 당신의 스토리가 비즈니스 계획에 직접적으로 연관된다면 그 영향력은 감히 상상할 수 없다.

리포터

리포터는 단연 가장 흔한 유형이다. 거의 90퍼센트의 사업가들이 이 스타일에 속한다. 당신이 리포터 유형이라면 당신은 팩트, 수치, 통계, 사례 연구, 사업 표본 등과 같이 손에 잡히는 데이터를 사용할 것이다.

리포팅이 당신의 타고난 스타일이라고 스스로 여길지 모르나 그럴 리는 없겠고, 이는 배운 스타일이다. 시간을 거쳐 배워온 스타일이다. 비즈니스에서 우리는 장시간 동안 "비즈니스는 비즈니스다. 팩트와 수치가 전부다. 비즈니스에서 감정이 들어갈 자리란 없다."라고 교육 받아왔다. 그래서 비즈니스를 하는 많은 이들의 스토리가 세부사항을 보고하는 데 주로 사용된다는 사실은 그리 놀라운 일도 아니다.

리포터는 분명한 목적을 가지고 있는 반면, 참여도는 낮다. 즉 사람들은 리포터들과 쉽게 교감하지 못한다. 당신은 청중이 느끼고 행동하길 원하지만 안타깝게도 당신의 파워포인트 슬라이드와 통계 자료들은 그들을 코마 상태에 놓이게 한다! 그래서 스토리텔링을 이용해서 감정에 다가가는 방법을 배우는 길이 치료법이 될 것이다.

격려자

당신이 격려자라면, 당신 각각의 그리고 모든 스토리에 분명한 목적이 스며들어 있을 것이다. 당신은 본인의 스토리를 들려주고 자신의 취약점을 드러내거나 사람들에게 자기 자신을 보여주는 것을 두려워하지 않는다. 그래서 청중들은 당신과 접속된다. 그들은 숨죽인 채 당신의 스토리를 경청하고 당신은 개인적인 스토리를 어떻게 비즈니스 메시지에 연결시킬지 정확히 알고 있다.

이 책을 읽으면서 알아차렸겠지만 개인적인 스토리란 매일 일상적으로 일어나는 일과로, 강아지를 산책시키거나 집 근처 철물점을 들르는 등의 일이다. 역설적이게도 거기에서 활력이 나오는데, 왜냐하면 사람들은 일상과 연관되어 있고 자신의 생활에서 유사성을 발견하기 때문이다. 그래서 격려자는 굳이 세계적으로 명성 자자한 외발산악인일 필요가 없다.

격려자들은 자신이 준비하고 연습하고 지속적으로 더해지는 다양한 스토리를 가지고 있다. 격려자의 스토리를 들을 때면, 청중들은 기억하고 교감한다. 당신이 알고 있는 가장 영감을 주었던 리더, 당신이 만난 가장 격려해주었던 스승, 가장 인상 깊었던 발표자 등을 상기해보라. 당신에게 영감을 준 것은 바로 이 두 가지 중 하나라고 우리는 확신할 수 있다. 그것은 바로 그들의 행동과 결정, 또는 그들이 들려준 스토리이다. 격려자같은 스토리텔러가 되는 것이 당신이 지향해야 할 바인 것이다.

여기서 우리가 의미하는 격려자의 의미를 확실하게 하고자 한다. 당신이 마틴 루터 킹Martin Luther King으로 변신해야 한다고 생각하지 마라. 또 청중을 선동해서 "손 들어 올려!"라고 외치며 열광의 도가니로 몰고 가는 허풍쟁이가 되라고 권하지도 않는다. '격려자'의 의미는 당신이 청중과 교감하고 그들이 행동하도록 영향을 주는 것이다. 그러면 진심에서 우러나온 자신의 자연스러운 스타일로 격려자로서 의도하는 바를 실행할 수 있다.

이제 리더가 어떻게 영감을 줄 수 있는 스토리텔러가 되는지에 대한 사례를 보자.

제프Jeff는 업무의 주도권을 회피하려 하고, 발생하는 모든 문제를 회사가 나서서 해결해주기를 기대하는 그의 팀원들과 실랑이를 벌이고 있었다. 일전에 그는 솔선수범의 중요성에 대한 스토리를 들려주었지만 그의 스토리는 리포터 스타일을 크게 벗어나지 못했다.

이 이야기는 제프가 강연회 동안에 발전시킨 스토리다.

제프는 팀 미팅과 팀원 일대일 면담에서 이 스토리를 들려주었고, 이후 더 많은 직원들이 문제점과 기회가 생겼을 때 자발적으로 솔선수범하려 한다는 사실을 발견하게 되었다.

자신의 스타일 결정짓기

이제 질문에 정직하게 대답할 시간이다. 현재 당신은 '돌란 나이두 스토리 인지 모델'에서 자신을 어디에 둘 것인가?

상황이 달라짐에 따라 모델의 스타일이 바뀔 수 있겠지만, 이는 일부러 계획하기보다는 좀 더 우연히 드러난다. 가령 당신은 사적으로는 조커 같은 스타일인 반면, 비즈니스에서는 회피자일 수도 있다. 하지만 당신이 가장 편안하다고 느끼는 스타일을 기본으로 하나 정하게 될 것이다. 앞에서 말했듯, 비즈니스에서 대부분의 사람들은 리포터 유형이고, 당신이 지금 그 부류라고 해서 내일도 당신이 그 부류에 속해야 한다는 의미는 아니다.

이 책을 다 읽을 때쯤에는, 물론 연습을 해야겠지만, 당신은 호감가고 목적이 확실해서 새겨 들을 만한 스토리를 이야기하게 될 것이고, 그로 인해 영감을 주는 비즈니스 스토리텔러가 될 것이다.

무엇보다 당신이 진심으로 영감을 주는 스토리텔러가 된 듯하다고 느낄 때, 절대로 가면을 쓴 회피자가 돼서는 안 된다는 것을 명심하라. 주변인들과 현실을 파악하고, 그들에게 당신이 어떤 스타일인지 물어보라. 당신은 놀랄지도 모른다. 모든 이들로부터 합격점을 받는다면 이제 된 것이다. 하지만 아직도 배워야 할 것이 많으니 채널 고정하시길!

당신으로부터 시작한다

마이클 잭슨Michael Jackson의 노래 제목 '맨 인 더 미러Man in the Mirror'처럼 비즈니스에 어떤 변화가 생기면 먼저 자기 자신을 살펴야 한다.

♣ "세상이 변하는 것을 보고 싶다면 스스로가 변해야 한다."

– 마하트마 간디Mahatma Ghandi, 인도 독립 운동의 아버지

이제 자신이 어떤 스토리텔러인지 알게 되었다면 우리가 완벽히 영감을 주는 스토리텔러가 되는 길로 이끌어줄 테니 당신은 스토리 빚어내기를 시작하면 된다.

진실을 먼저 알려주자면, 스토리 인지 모델은 '마이어 브릭스Myers-Briggs 지표(심리 유형 검사 지표)'처럼 지표의 어디에 위치해 있건 다 괜찮은 것이 아니다. 모델에서 당신이 반드시 지향해야 하는 위치는, 오른쪽 꼭대기에 위치한 바로 격려자 칸이다.

당신이 격려자의 자리로 옮겨가기 위해 좀 더 집중해야 하는 부분들을 아래에 열거했다.

현재 당신이 생각하는 본인의 스토리텔링 스타일이 무엇이건, 다음의 비법들이 당신에게 진정한 격려자가 되기 위한 도움을 줄 것이다.

- 회피자
  - 작게 시작하라. 하지만 어디서건 시작하라. 스토리를 말해야 한다는 두려움을 이겨내라.
  - 다른 스토리텔러들을 관찰해보라. 그들이 잘하는 부분과 그렇지 못한 부분에서 배워라.
  - 당신의 스토리에 오직 쓸모 있는 부분만 포함시켜라. 즉 매우 확실한 목적을 가지라는 의미이다.

- 오랫동안 써온 스토리는 폐기하거나 재정비하라.

• 조커
- 유머 그 자체만을 사용하지 마라.
- 유머로 주의가 흩어지기보다는 스토리에 목적을 담고 있어야 한다.
- 당신에게 유머가 부재된 스토리들이 있는지 확인하라.
- 믿을 만한 친구나 멘토로부터 피드백을 받되, 당신의 스타일이 본인의 커리어나 개인 브랜드에 부정적인 영향을 미치지 않도록 하라.(굉장히 힘든 대화가 될 수 있지만 인생이 바뀔 수도 있다.)

• 리포터
- 사례 연구나 비즈니스 예시만을 사용하지 마라. 개인적인 스토리를 이런 것들에 어떻게 접목시킬지 심사숙고하라.
- 가장 심각하고 복잡한 메시지에도 스토리 사용하기를 두려워하지 마라. 그 메시지야말로 스토리가 가장 잘 뒷받침해줄 수 있다.
- 팩트와 수치로부터 당신의 스토리를 분리시켜라. 통계나 비율, 팩트를 당신의 스토리에 제외시키면, 자연스레 이것들이 스토리에서 사례 연구로 옮겨 가서 쓰일 것이다.

• 격려자
- 여러 다양한 스토리를 계속해서 채우도록 하라.
- 당신의 스토리텔링 수준을 높이기 위해 다른 사람들의 스토리를

듣는 기술도 습득하라.

– 냉정해져라. 영감을 주는 자와 자아도취에 빠진 자 사이에는 미세한 차이만 있을 뿐이다. 스토리나 그 목적에 상응하지 않는 어떤 것도 과감하게 쳐내라.

– 본인의 스토리텔링에 대해 자기만족에 빠지는 것을 경계하라. 부단히 연습하고 연마하고 다듬어라.

스토리텔링은 가르쳐주고 배울 수 있는 기술이다. '돌란 나이두 스토리 인지 모델'은 당신이 지금 어느 위치에 있는지를 판단하도록 도와줄 것이다. 그리고 이 책이 당신을 격려자의 칸으로 옮겨주는 도구가 되어줄 것이다.

▶ 핵심정리 ◀

◎ 잘 이해했나?
→4가지의 스토리텔링 스타일
  1. 회피자 (낮은 참여도와 낮은 목적의식)
  2. 조커 (높은 참여도와 낮은 목적의식)
  3. 리포터 (낮은 참여도와 높은 목적의식)
  4. 격려자 (높은 참여도와 높은 목적의식)
→ '격려자' 스타일이 당신이 지향하는 스토리텔러이다.
→ 먼저 자신이 변하도록 준비하라. 그리고 회사의 롤모델이 되어라.

'돌란 나이두 스토리 인지 모델'에서 당신이 어디에 위치하는지 정직한 평가를 해보고, 부족한 부분을 재검토하라.

지금쯤이면 당신은 자신이 어떤 스토리텔러인지 알 것이다. 다음 장에서 우리는 당신이 스토리를 정성스럽게 만들어낼 수 있도록 도와줄 것이다.

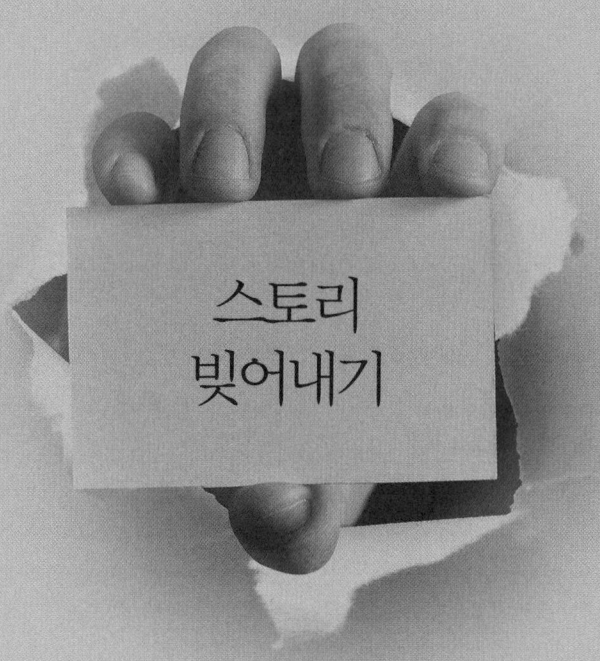

CHAPTER 4

"중요한 것은 내가 아일랜드인이고,
스토리를 어떻게 이야기하는지 안다는 것이다."

– 잭 웰치Jack Welch, 미국 사업가이자 저자

로즈마리 리드Rosemary Reed는 거대 글로벌 기업에서 위기관리 조언가로 일했다. 로즈마리가 접한 핵심 문제점들 중 하나는, 기업에서 위기관리 조언가의 역할이 기업의 위기를 관리해주는 것이 아니라 기업이 위기를 관리할 수 있도록 정보와 조언을 제공해주는 것이라는 것을 동료들에게 설명하는 일이었다.

그러나 동료들은 위기를 직접 관리하는 것이 그녀의 임무라고 생각했다. 그녀는 여러 번 동료에게 그렇지 않다고 설명했지만 메시지는 전달되지 못했다.

이 스토리는 그녀가 동료들을 이해시키고 기억하게 만든 이야기이다.

로즈마리의 스토리는 그녀가 필요로 했던 변화를 이룰 수 있게 도
움을 주었다. 그녀의 스토리를 들으며 청중은 그녀의 역할을 금방 이
해하게 되었고, 위기가 로즈마리의 책임이 아닌 자신들의 책임이라
는 사실도 깨달았다.

이 장에서 우리는 로즈마리의 스토리 – 청중과 연결될 수 있고 행

동에 자극을 주는 – 처럼 어떻게 하면 동기가 부여되는 스토리를 만들어낼 수 있는가를 보여줄 것이다.

목적 수립하기

앞 장에서 우리는 왜 그리고 언제 비즈니스에 스토리를 사용해야 하는지를 알아보았다. 복습해보자면 스토리는 영향을 미치고, 설득하며, 연결하고, 참여시킨다. 당신이 만들어낸 각각의 그리고 모든 스토리는 진짜여야 하고, 데이터가 뒷받침되는 매우 확실하고 특정한 목적을 가지고 있어야 한다. 직원들의 생산성을 향상시키는 일이건 고객에게 신제품을 판매하는 일이건, 가장 먼저 해야 할 일은 청중이 어떤 행동을 취할지를 당신이 알아야 한다는 의미다. 다른 말로는 당신의 스토리에 목적을 세우는 일이다. 우리가 의미하는 '목적'이란, 당신의 스토리가 전달하는 단독의 메시지를 말한다.

> ♣ "위대한 마음은 목적을 가지고 있지만, 다른 것들은 소망만 있다."
>
> – 워싱턴 어빙Washington Irving, 작가

목적을 분명히 하는 것은 쉽지 않다. 몇몇 사람들은 이 작업을, "나는 영업 문화가 바뀌기를 원합니다." 또는 "나의 팀이 새로운 전략에 흥분하고 기대하기를 바랍니다." 라는 식으로 시작한다. 이런 표현은

너무 광범위하다. 현실에서는, 당신이 영업 문화를 바꾸기 위해서는 엄청나게 많은 스토리가 필요하고, 직원들을 새로운 전략에 흥분시키기 위해서는 방대한 양의 스토리가 있어야 한다. 그래서 당신이 가진 큰 그림의 목적을 여러 특정한 목적들로 나누어 매우 색다르고 특별한 목적을 가진 다른 스토리들을 들려주어야 하는 것이다.

이를 위해 당신이 취해야 할 두 가지 단계가 있다.

1. 자신에게 다음의 질문을 해보기 : "청중이 기억할 만한 한 가지 핵심적인 메시지가 무엇인가?" (하나의 메시지 = 하나의 스토리)
2. 당신의 대답을 자동차 범퍼에 붙이는 스티커로 바꿔보기 : 당신의 차 곳곳에 붙여보라. 당신이 스토리의 핵심을 정리하는 데 도움이 될 것이다.

그래서 만약 당신이 전하고자 하는 메시지가 '이노베이션은 근면 성실과 실패를 각오하는 것이다.'라면 '일단 시작해!', '해보고 실패하는 것이 전혀 해보지 않는 것보다 낫다.', '99퍼센트의 땀과 1퍼센트의 열정' 등의 범퍼 스티커들로 가득할 것이고, 이런 각각의 스티커가 스토리를 살찌우는 것이다.

목적 바로 세우기

사람들은 목적을 결정할 때 몇 가지의 흔한 실수를 한다. 당신이 이를 피할 수 있도록 살펴보자.

반드시 목적이 있어야 한다

많은 사람들이 실제로는 자신의 스토리에 목적이 없다는 사실을 알게 된다면 당신은 아마 놀랄 것이다. 그들은 스토리를 이야기하지만 스토리를 통해서 전하고자 하는 뚜렷한 메시지가 없다. 이런 일이 사생활에서야 문제 될 것이 없겠지만, 비즈니스에서는 스토리를 이용하는 이유를 상실하는 것이다.

하나의 스토리로 세계 기아문제를 해결하려 하지 마라

스토리로 불가능한 것들을 이루려고 하지 마라. 종종 어떤 의뢰인들은 그들의 브랜드나 기업 전략을 스토리로 소통하고 싶다고 말하지만, 이것이야말로 한 가지 스토리로 세계의 기아문제를 해결하려는 이치와 같다. 당신의 브랜드 스토리는, 각각의 다른 목적을 가진 다양한 스토리로 들려주었을 때 최고가 된다. 당신의 브랜드가 혁신적이라는 점을 보여주는 것이 하나의 목적이 될 수 있고, 그 브랜드 자체로 온전함과 자부심을 가진 것으로 사용되고 있다는 것을 보여주는 것이 또 다른 목적이 될 수 있다.

사람들은 대체로 목적을 너무 거창하게 시작한다. 앞에서 말한 두 가지 단계를 이용해서 한 가지 목적으로 구체화할 수 있다. 큰 목적을 여러 개의 작은 목적들로 나눔에 따라 그 작은 목적들이 스토리에 도움이 된다. 앞에 소개한 '방울양배추 스토리'와 '마이클 브랜트의 주간 잠재고객 목표치 달성'을 위한 미팅의 목적을 상기해보라. 처음에 마이클의 목적은 영업 문화를 바꾸려는 데 있었다. 하지만 그것은 하나의 스토리에 담기에는 너무나 큰 목적이었다. 영업 문화를 변화시키려면 많은 스토리가 필요하다. 방울양배추 스토리는 그 많은 스토리 중 단지 하나에 불과한 것이다.

전문용어를 피하라

전문용어는 빅비즈니스다. 비즈니스에는 전문용어들이 가득한데, 예를 들면 '시너지 극대화'에서부터 '성공적인 실행', '큰 변화' 등이다. 하지만 현실은 이렇다. 대부분의 사람들은 그런 전문용어의 의미를 모르고 있고, 또 다른 이들은 그것의 의미를 다르게 이해하고 있다. 전문용어는 추상적이라 사람들의 머릿속에서 그냥 튕겨 나가버린다.

따라서 목적을 설명할 때 가급적 모든 단어를 쉽고 일상적으로 쓰는 언어로 풀어서 써야 한다. 그래서 당신의 목적에 '시너지 극대화'가 포함되어 있다면, 당신이 의미하려는 바를 생각해야 한다. 팀이 어울려 일하기를 바라는가, 그들로 하여금 자신들이 보탬이 되었다고 느끼게 하고 싶은가? 그렇다면 사람들이 당신의 목적에 연결 지어 정확하게 다시 말할 수 있는 일상적인 용어를 생각해보라.

너무 많은 목적을 가지지 마라

"나는 사람들이 우리의 새로운 전략을 이해하길 바랍니다. 그렇게 하려면 열정을 가지고 팀원들에게 설명하세요. 그러면 이것이 팀원들에게 전달되어 그들은 확신을 갖고 고객이나 주주들에게 명확히 표명할 수 있을 겁니다."

이해됐나? 아니 이해하지 못했다. 위의 문장에는 세 가지 다른 목적들이 한 문장에 뒤엉켜 있다. 이를 쪼개어보자.

- "나는 모든 사람들이 우리의 새로운 전략을 이해하기 바란다. 그리고 그것에 대해 열정을 가지라."
- "나는 팀 리더들이 이 새로운 전략을 각자의 팀원들에게 설명하기 바란다. 그래서 팀원들이 새로운 전략과 연결되고, 그것을 명확히 표명할 수 있기를 바란다."
- "나는 새로운 전략이 우리의 고객과 주주들을 매우 들뜨게 하도록 그들에게 정확히 전달되기를 희망한다."

많은 양의 이슈들을 한 번의 타격으로 처리하려고 하는 것은 스토리의 몸집만 기울 뿐, 스토리의 효과나 영향력을 빼앗아간다. 또한 사람들을 혼란스럽게 만들고 "저게 다 무슨 얘기야?"라고 생각하게 만든다.

자신의 목적을 반드시 믿어라

덧붙여 스토리텔러로서 당신은 자신의 스토리와 그 목적을 믿어야 한다. 당신의 의도 역시 진정성이 있어야 하는 것은 당연하다.

몇 년 전 우리는, 몇몇 작업을 해외에 아웃소싱하고 있어서 이를 위해 커뮤니케이션할 스토리를 찾고 있는 리더십 팀과 일할 기회가 있었다. 딱히 떠오르는 스토리가 없다고 하는 그들에게 우리는 "진실로 당신은 가슴에 손을 얹고 이것이 회사를 위한 최상의 방법이라는 걸 믿는다고 말할 수 있나요?"라고 물어보았다. 그들은 아니라고 대답했다. 당신이 자신의 목적을 믿지 않는 한, 진정성 있는 스토리를 만들기는 어렵다. 우리는 리더십 팀에게 데이터를 이용하라고 조언했고, 그들은 그렇게 했다.

이 시점에서 당신은 스토리의 목적에 대해 생각해볼지 모른다. 그것을 적어보고 다음 단계로 그것을 범퍼 스티커로 바꿔보라.

이야기하는 대상을 설정하라

스토리텔링을 포함한 모든 형태의 커뮤니케이션은 반드시 확실한 청중을 확보해야 한다. 청중이 없는 스토리텔링이란 마치 '어둠 속의 스토리텔링'처럼 대단히 위험하다. 즉석에서 만들어내는 것은 정말이지 아마추어나 하는 것이다. 더구나 당신은 아마추어도 아니다. 비즈니스 스토리텔링은 온전히 청중 앞에서 빛날 때 성공적일 수 있다.

우선 청중을 안팎으로 조사해야 한다. 그들이 누구인가? 그들을 동기부여하게 만드는 것은 무엇인가? 그들이 두려워하는 것 혹은 신나서 들뜨게 만드는 것은 무엇인가?

자신의 청중에 대해 잘 알지 못한다면 그들을 잘 알고 있는 이들에게 물어보라. 가능한 한 많이 청중을 연구하라. 영감을 주는 스토리텔러들은 청중이 어떻게 생각하고, 느끼고, 행동하는지 이해하는 것부터 시작한다.

♣ "드라마를 만들면서 실수를 했다. 나는 배우가 우는 것이 드라
마라고 생각했지만 시청자가 우는 것이 드라마다."

– 프랭크 카프라Frank Capra, 영화감독

당신의 스토리를 빚어내기 전에 자신에게 반드시 아래의 세 가지
질문을 던져보라.

- 당신의 청중은 누구인가?
- 그들을 동기부여하는 것은 무엇인가? (무엇이 그들을 움직이게 만
  드는가?)
- 그들의 관심사는 무엇인가?

이제 긱긱의 질문을 살펴보자.

누가 당신의 청중인가?

마케팅 전문가이자 친구인 캐롤린 테이트Carolyn Tate는 재무설계사
에게 "누가 당신의 청중이냐?"고 물어보았다. 그러자 그는 "숨쉬고
있는 모든 사람요."라고 대답했다. 우리가 정말 듣고 싶지 않은 말은,
당신이 "자신의 스토리는 모든 사람들을 위한 것입니다.", 즉 "숨쉬
고 있는 모든 사람"이라고 말하는 것이다. 이는 당신의 스토리가 망
했다는 걸 증명하는 한 가지 방식이다.

그렇다면 당신이 발표하거나 기록한 것은 무엇인가? 그래서 누가
들을 것이며 볼 것인가? 당신의 직속 팀이나 벤처투자자를 대상으로

하는가, 아니면 회사의 영업 직원들인가? 청중을 더 엄밀하게 정할수록 당신은 스토리텔러로서 더욱 성공하게 될 것이다. 당신의 스토리가 조직의 어느 누군가에게는 쓸모 있다 하더라도, 처음에는 스토리에 맞는 청중을 정해야 하고 그들 위주로 이루어져야 한다.

무엇이 청중을 동기부여하는가?

마이클 브랜트를 떠올려보자. 방울양배추를 싫어했지만 그 스토리를 통해 팀원들의 매월 실적 목표치를 달성할 수 있도록 팀원들을 독려했다. 마이클은 영업 선두를 위해 살고 숨쉬고 일해왔다. 그는 그 목표가 자신이 일하는 원동력이라 믿었고, 사업의 성공 역시 그 결과에 좌우되었다. 새로운 고객과 새로운 비즈니스로 바꿔도 선두를 유지할 수 있다는 것에 대해 그는 매우 자랑스러워하고 열정적이었다. 그러나 청중은 그의 생각과 동떨어져 있었다.

이는 팀원들이 영업 선두를 몹시 싫어하게 하는 결과로 이어져 더 이상 목표치를 이뤄내기 힘겨웠고 즐겁지도 않아서, 팀원 대부분은 자신들의 목표치를 금요일 오후 맨 마지막 순간까지 미뤄놓곤 했다. 주말만 기다렸던 팀원들로 인해 급기야는 많은 분야에서 선두 자리를 내주는 결과를 가져왔다.

마이클의 시각이 자신의 팀원과 얼마나 달랐는지 눈치 챘는가? 그가 청중의 입장이 되어보는 시간을 가졌는가를 생각해보라. 또 청중에게 중요한 것이 무엇인지를 언급하는 것보다 영업의 중요성에 대한 스토리를 만들어내는 데만 급급했던 것은 아니었는지 역시 생각해보라. 영업 선두의 중요성에 관한 스토리는 전혀 감흥을 주지 못했고, 심지어는 부정적인 영향을 끼쳤다.

명심하라! 당신은 직원들이 자신이 하는 업무를 좋아하기를 기대할 것이다. 마치 고객이 당신이 생산해낸 모든 제품이나 서비스를 사랑해주기를 바라듯 말이다. 그러나 현실은 그렇지 않다!

청중의 관심사는 무엇인가?

청중은 어떠한 관심사를 품고 있는가? 그들이 걱정하는 것은 무엇인가? 두려워하는 것은? 회사의 잦은 변화에 거부감을 느끼는가? 아니면 판매해야 할 제품의 품질을 걱정하는가? 혹은 자신의 핵심성과지표KPI, Key Performance Indicator 달성 실패를 염려하는가? 시간을 들여 그들의 고충을 찾아내서 알아주지 않는다면, 당신의 스토리는 공감력의 부재로 인해 허위로 느껴져 진정성을 잃게 된다.

의뢰인 중 한 명이있던 리사 보스턴Lisa Boston은 유능했고 열정 넘치는 소셜미디어SNS 분야의 기업가였다. 소셜미디어가 상대적으로 낯설었던 시절, 리사는 대기업을 상대로 회사의 서비스를 판매해야 했다. 쉬운 일이 아니었다. 처음에 그녀는 소셜미디어가 가져올 기회를 기업들이 이해하지 못하기 때문이라 생각했다.

리사가 분석한 청중들을 살펴본 후 우리는 진짜 문제는 두려움이라는 사실을 알아냈다. 리사가 교류하려는 사람들은 위험을 감수하고 실패하는 데 두려움을 가지고 있었다.

고객이 될 가능성이 있어 보이는 이들에게 자신이 제안한 내용의 이로움에 대해 설명을 한 이후에도 리사는 여전히 그들의 거부감이 느껴진다고 얘기했다. 그렇지만 그녀는 사람들에게 스토리를 이야기하는 것이 다소 무리가 있더라도 시도해보기로 결심했다. 이것이 그녀가 사람들에게 들려준 스토리다.

한 여성 참가자는 미팅 내내 팔짱을 낀 채 무관심한 표정으로 앉아 있었다. 리사가 스토리를 이야기하기 시작하자 그녀는 팔짱을 풀고 의자 앞으로 바짝 다가섰다. 그녀의 몸짓이 바뀐 것이다. 그러고는 미팅 후 처음으로 웃었다. 스토리를 듣고 나서 그 자리에 있던 사람들은 사내 위기관리 부서에서 이 주제를 어떻게 관철시키고 자금을 편성할 것인지 이야기했다.

청중은 누구이고 무엇이 그들에게 동기를 부여하며 그들의 관심사항이 무엇인지를 인지하는 것의 중요성을 보여주는 광고업계의 또 다른 예를 보자.

2012년 11월 멜버른 지하철도는 역내에서의 안전의식을 고취시키려 캠페인을 벌였다. 너무나 많은 사람들 특히 젊은이들이 역내에서 목숨을 잃거나 심하게 부상당했다. 경찰과 정치인들은 철도회사 대변인으로부터 대부분의 죽음과 부상에 대해 보고 받고는, 지하철을 이용하는 시민들에게 빠르게 움직이는 기차 옆에서 안전하지 않게 행동하는 것이 왜 위험한지를 알리려는 매우 합리적인 이유들을 내놓았다.

지하철 안전 캠페인은 '멍청한 방법으로 죽기Dumb ways to die'라는 제목의 3분짜리 노래와 비디오 영상으로 제작되었다. 비디오 영상은 블랙코미디를 이용해 작고 귀여운 콩들이 무척이나 바보 같은 행동을 하며 목숨을 잃는 내용이었다. 마지막 남은 세 개의 콩은 기차역에서 안전 불감증으로 기차에 치여 죽는다.

영상은 2012년 11월 14일에 유튜브에서 상영되었다. 이는 빠르게 퍼져 나가 온라인상에서 큰 인기를 끌었다. 20일도 되지 않아 조회수가 3,000만을 넘었고, 300개가 넘는 패러디물이 쏟아져 나왔다. 영상에 실린 노래 역시 아이튠즈에서 다운 받을 수 있어서, 24시간 만에 호주 아이튠즈 차트 10위권에 들었다. 또한 홍콩을 비롯해 싱가포르, 대만, 베트남 아이튠즈 차트에서도 10위권에 올랐다. 이 영상을 찾아보려면 유튜브에서 '멍청한 방법으로 죽기'를 검색하면 된다.

당신이 이 3분짜리 영상을 보거나 노래 가사를 보게 된다면 2분 20초쯤이 지나야 이 영상이 기차역 안전에 대한 메시지를 담고 있다는 사실을 알 수 있다. 제작자는 메시지를 전하기 전에 영상의 75퍼센트 정도를 청중과 교감을 쌓는 데 할애했다. 또한 청중에게 다가갈 수 있는 핵심 정서를 그들은 정확히 파악하고 있었다. 메시지의 주 대상층이 청년들과 아이들이었으므로 따라 부르기 쉬운 노래 등으로 그들에게 어필할 수 있을 거라 생각할 수 있겠지만, 좀 더 깊이 들어가면 그들은 청중에게 더 적합한 정서로 접근한 것이다.

아이들 – 특히 청소년들 – 은 자신을 불사조라고 생각한다. 기차 주변의 안전 불감증이 당신을 죽음으로 내몰 수 있다.'라는 메시지의 효과가 미비할 수도 있다. 그러나 '기차 주변의 안전 불감증은 당신이 멍청하다는 의미다.'라는 메시지는 효과 만점이었다. 그들에겐 죽는 것은 겁나지 않지만 멍청하게 보이는 건 매우 중요한 문제였기 때문이다.

마음속에 목적을 가지고 당신의 청중에 대해 생각해보라. 그들은 누구인지 어떤 동기를 가지고 있는지 그리고 무엇이 그들에게 중요한지를 알아보라. 자신에게 목적과 청중이 있다면, 이제 쓸 만한 스토리를 찾아 나서면 된다.

스토리는 어디서 나올까?

'큰일 났네. 나는 아무런 스토리도 없는데!' 혹은 '나에게는 재미있는 스토리라곤 하나도 없는데!' 하고 생각할지 모르지만 그렇지 않다. 인생은 스토리로 가득하니까.

당신은 비즈니스 경험이나 개인적인 경험에서 나온 스토리로 당신만의 스토리를 엮어 가면 된다.

비즈니스 스토리

비즈니스 스토리는 비즈니스 상황에서 일어난 사건에 관한 스토리들이다. 업무에 관련된 본인의 경험이나 다른 리더의 스토리, 고객 또는 참여했던 프로젝트 등이다. 이런 스토리들은 다소 밋밋할 수 있기 때문에, 만약 당신이 판매에 관한 스토리를 찾는다면 직접 밖으로 나가서 판매원에게 말을 걸어보고, 리더십 스토리를 찾는다면 다른 리더와 대화하는 것도 좋다.

이 방법은 효과적인데 영업이나 장기간의 조직 개편에 특히 효과적이다. 그러나 비즈니스 스토리텔링에서 당신이 주의할 점은, 비즈니스 스토리는 사례 연구로 바뀔 수 없고 감정을 접목시키기는 더욱 이렵다는 것이다.

대개 비즈니스 스토리텔링은 '논리'의 영역에 안주하려는 성향을 띤다. 당신이 이런 함정을 피할 수 있을지라도 비즈니스 스토리에는 내재된 함정이 존재한다는 것을 아는 건 중요하다.

비즈니스 스토리를 찾아내는 한 가지 방법은, 당신의 비즈니스 경험을 당신의 현재 혹은 과거의 역할에 대입해보는 것이다. 활용할 만한 다른 비즈니스에 대해 자료를 읽어보거나 들어보는 것 역시 도움이 된다. 예컨대 〈스마트 컴퍼니The Smart Company〉 잡지에 실렸던 스티브 잡스의 다섯 가지 최고의 일화를 읽고 나서, 당신이 읽은 것을 들려주는 것이다. 다음의 스토리처럼 말이다.

♣ **비즈니스 스토리 아이디어**

최근에 나는 〈스마트 컴퍼니〉에 실린 스티브 잡스의 기사를 읽었어요. 잡스는 아이패드의 원형을 보고는 너무 크다며 못마땅해 했답니다. 엔지니어들이 이구동성으로 더 이상 작게 만들 수는 없다고 하소연했고, 잡스는 아이패드 원형을 수족관으로 들고 가 물 속에 빠트렸죠.
"기포가 올라오는 군요. 그건 기계에 공간이 있다는 걸 의미합니다."라고 잡스는 말했죠. 기사를 읽으면서 나는 문득 우리가 직장에서 가진 기회들이 생각났습니다. 우리가 이미 대단한 일을 하고 있더라도, 발전할 수 있는 기회는 항상 있는 법입니다.

흥미로운 비즈니스 스토리를 찾아내는 다른 좋은 방법은 질문을 해보는 것이다. 고객이나 직원들과 대대적인 인터뷰를 할 필요는 없지만 고객이 가치 있는 피드백을 준다면 그들에게 다음과 같은 중요한 질문을 해봐야 한다. 예를 들면, "이것이 정확히 당신에게 어떻게 도움이 되는가?" 등이다. 깊게 파헤쳐보면 자신이 어떤 스토리를 들려줄지 놀라게 될 것이다. 이 방식은 간단하면서도 좋은 결과를 가져다주지만 안타깝게도 좀처럼 잘 쓰이지 않는다.

개인적인 스토리

개인적인 스토리는 주로 당신의 일상생활에서 만들어진다. 이 방법은 매일 일어나는 개인적인 경험을 활용한 스토리에 비즈니스적인 메시지를 접목하는 것이다. 당신이 이미 들려준 많은 스토리를 들여다본다면 그것들 대부분은 당신의 개인적인 것들일 것이다. '브루스 스프링스틴 스토리'와 '심술궂은 포드 선생님 스토리'를 기억하는가?

그렇다. 개인적인 스토리를 비즈니스에서 듣는 건 굉장히 신선한 일인 것이다.

개인적인 스토리는 양면을 가진 스토리인데, 이는 스토리가 전혀 연관이 없는 두 가지 면(방울양배추와 우수 가망고객 목표치 달성 스토리)을 가지고 있으면서 서로 완벽하게 이해되도록 연결된다는 의미이다.

주말에 정원을 가꾸는 일에서부터 영화를 보거나 지나간 대학 시절 추억 등 당신의 개인적인 경험들이 스토리를 위한 최고의 기본이 될 수 있다. 왜냐하면 누구나 다 자신의 개인적인 스토리가 있는데 그것이 자녀를 학교에 등교시키거나 비행기를 타러 가거나 또는 집 수리를 하거나 다 마찬가지이기 때문이다.

자기 자녀에 대한 스토리 또한 훌륭한 소재가 될 수 있다. 청중은 당신에게서 인간적인 면을 발견하게 되고 그런 섬은 대부분의 사람들이 공감하기 때문이다. 이는 당신이 자신의 청중을 잘 이해해야 하는 것이 왜 중요한지에 대한 이유이기도 하다. 가령 당신이 10대 아이의 엄마들 앞에서 강의할 예정이라면, 당신의 아이에게 운전하는 걸 가르쳤던 스토리를 들려준다면 성공은 확실하다.

캔디스 랜스Candice Lance는 이 스토리를 만들기 위해 자신의 개인적인 경험을 활용했다. 청중은 리더십 팀이었고, 그녀의 목적은 때로 지난일은 떨쳐내고 전문가를 믿어보는 것도 괜찮다는 것을 알리는 데 있었다.

비행기가 지금 막 3600미터에 도달했죠. 나는 열린 문 맨 끝자락에 앉아 있었어요. 시간이 됐고 내 차례가 왔죠. 찰나의 순간에도 내 심장은 요동치고 있었어요. '내가 뭘 생각하고 있었지?', '뭘 해야 했었지?', '저들이 나한테 뭐라는 거야?', '내 뒤에 있는 교관은 즐거울까?', '이게 정말 좋은 아이디어였을까?'

그런 질문들에 대한 대답이 무엇이었건 간에 별 상관없었어요. 난 이미 문 밖에 있었으니까요. 되돌아갈 수 없었죠. 나는 마치 바나나처럼 웅크리고선 들은 대로 자세를 유지하면서 교육 받은 내용을 기억하고 땅으로 수직낙하했어요. 내가, 일렬로 서서 하는 텐덤Tendem 스카이다이빙을 한 것이죠!

얼마나 빨리 지나갔는지……. 난 날고 있었고 자유로웠어요. 낙하가 이어지는 동안 나는, 사람들이 땅에 무사히 착륙하고 나서 눈물 흘리며 각자의 교관을 안아주던 영상을 기억해내고서는 '바보 같이 난 절대 그러지 않을 거야.'라고 다짐했었죠. 발이 땅에 닿자마자 나는 발을 구르며 내 교관을 덥석 안고는 울먹였어요. 그러니까 바보 같이 말이죠!

내가 다시 스카이다이빙을 할지는 잘 모르겠지만 난 두 가지 교훈을 얻었어요. 때때로 내려놓아도 괜찮다, 때때로 흐트러져도 된다는 것을요. 그리고 당신이 받은 교육을 믿고, 전문적으로 교육 받은 사람들을 믿어야 한다는 것을요.

종종 고객들은 자신이 접했던 이 방법이 – 개인적인 스토리를 어떻게 업무의 맥락에 맞게 활용하는가 – 가장 큰 배움이라고 말한다. 당신이 헤쳐 나가야 할 문제점은 이런 개인적인 스토리를 자신 스토리의 목적에 연결시키는 것이다. 물론 당신 스토리의 목적은 항상 비즈니스와 연관되어 있어야 한다. 이는 매우 중요한 구별법이고, 다른 이들로부터 당신을 영감을 주는 스토리텔러로 차별화시켜주는 것이다.

고객 중 한 명이었던 루이스Louise는 자신의 팀 앞에서 그들의 의사 소통 방식에 관한 발표를 앞두고 있었다. 그녀는 팀원들이 이메일을 전송할 때 교정에 좀더 많은 시간을 들이기를 바랐다. 왜냐하면 맞춤법이 틀리거나 잘못된 데이터로 보내지는 이메일 때문에 회사 입장에서는 이런 실수들을 고치느라 엄청난 시간과 비용이 낭비되고 있었기 때문이었다.

루이스는 팀원들에게 들려줄 스토리를 만들어냈다.

> ### ♣ 세탁물 안 휴지
>
> 지난 달 바빴던 회사 업무를 마친 후, 가정 생활에 필요한 몇 가지 잡다한 일을 처리하고 저녁을 짓기 위해 급히 집으로 향했어요. 물론 산더미처럼 쌓인 빨랫감을 세탁기에 넣는 일도 잊지 않았죠. 해야 할 일 중에 많은 일을 ― 그것도 아주 민첩하게 ― 했다는 생각에 내 자신이 뿌듯했죠. 하지만 빨래를 세탁기에서 꺼냈을 때 난 경악했어요. 휴지 조각들이 빨래한 옷가지들을 뒤덮고 있다는 걸 알았거든요. 급하게 서두르는 바람에 옷 주머니를 체크하는 걸 깜빡 잊었고, 아들의 바지 주머니에는 휴지 한 통이 그대로 들어 있었어요. 화가 나 미칠 지경이었고 몇 시간 동안 아들 욕을 해대며 옷에 붙은 휴지 조각들을 떼 내려고 했어요. 좀 진정이 되자 '내가 세탁기의 시작 버튼을 누르기 전에 단 몇 분 동안만 옷 주머니를 먼저 확인했더라면 이렇게 휴지 조각을 떼 내느라 몇 시간을 허비하지 않았을 텐데…….'라는 걸 새삼 깨우쳤죠. 이 일이 있은 후 나는 몇 시간을 낭비하기보다는 휴지가 있을지 모를 주머니를(채 2분도 걸리지 않는) 항상 체크하고 있어요.

그렇다! 당신의 다음 스토리를 세탁기에서 찾을 수도 있다. 개인적인 스토리가 가져다주는 기회를 끌어안는다면 세상에는 거의 무한대의 스토리 바다가 펼쳐진다.

우리가 '거의' 무한대의 바다라고 말한 것에 주목하라. 그렇다면 개인적인 경험을 이야기할 때 금기사항도 있다는 말인가? 대답은 '그렇다'이다.

개인적인 경험을 이야기할 때 섹스, 종교, 정치 등은 그리 바람직하지 않다. 또한 개인적인 불행을 언급할 때 역시 주의해야 한다. 청중이 불편함을 느낄 수 있고, 본인 자신도 그럴 수 있기 때문이다. 특히 개인적인 경험이 스토리의 바탕이 되는 훌륭한 스토리텔링은 자기 노출self-disclosure에 대한 것이다. 그러나 스토리텔러인 당신만이 자기 노출의 정도가 자신이 말하려는 목적과 청중, 또 자신에게 적합한지 여부를 결정할 수 있다. 자신을 믿되 확신이 없으면 믿을 만한 이에게 의견을 구하도록 하자.

그리고 당부하건대 '내가 얼마나 대단한지 알아?' 류의 스토리는 배제하라. 적당한 정도의 겸손과 자기 비하의 내용이 없다면, '나 잘났어!'와 같은 스토리는 역반응을 일으켜 청중을 등 돌리게 만든다. 리더로서 본인 얘기가 아니라면 칭찬해주는 것은 멋진 일이다. 그러므로 당신이 얼마나 대단한지를 보여주는 경험을 얘기하는 것은 금기사항 중 하나이다.

그렇다면 리더인 당신이 화려한 조명 아래서 초라하게 비춰지는 부정적인 경험들(실패에 관한 스토리)은 과연 어떠한가? 실패에 관한 스토리는 단연코 통한다. 사실 우리는 당신이 '인생은 완벽함과는 거리가 멀다.'와 같은 스토리를 이야기하도록 추천하는 바이다. 리더로서 당신의 실패 경험을 나누는 것은 일종의 능력의 표시다. 사람들이 당신과 인간미가 묻어나는 교감을 나누는 데 도움이 된다.

한 리더의 예를 보자. 강연회에 참석한 모든 리더들에게 자신의 편

견과 그 경험이 어떻게 훌륭한 배움이 되었는지를 이야기한 오샤나 디 실바Oshana De Silva의 스토리다.

네 살배기 딸은 유치원에서 하는 '쇼앤텔(show and tell)' 놀이를 위해 준비가 한 창이었어요. 가장 좋아하는 공룡 '소피'를 가져가기로 마음먹은 딸과 우리는 어떻 게 이야기할지 계획도 짜고 또 연습까지 해보았죠. 딸아이는 무척이나 설레고 있 었어요.

발표하기로 한 날 딸아이는 정성스레 소피를 유치원으로 데려갔고, 소피의 목에 핑크 매듭을 둘러 오늘이 특별한 날임을 알렸죠. 오후에 유치원 수업이 끝나고 나 는 딸아이에게 오늘 수업이 어땠는지 물었어요. 딸아이는 몹시 침울해 하더니 불 쑥 말을 내뱉았죠. "엄마, 내 친구들이 그러는데, 여자 아이들은 공룡을 싫어한 대." 가슴이 철렁 내려앉았어요. 이 말이 내게로 돌아와 다시 나를 괴롭힐 줄 그때 는 몰랐죠.

일주일 쯤 지나서 나는 통계자료 등을 보고 받는 비즈니스 조찬모임에 참석했어 요. 자료에 의하면 41퍼센트의 남성들이 작업 공간의 유연성을 원한다는 보고였 죠. 나는 '그렇구나.' 하고 생각했어요. 나는 직장 내 여성 팀원들에게는 작업 공 간의 유연성에 관해 이야기할 기회가 있었지만, 남자 팀원 누구에게도 이 이슈에 대해 얘기해본 적이 없다는 것을 깨달았죠. 나 스스로 어른 버전의 '여자 아이들은 공룡을 싫어해!'를 가지고 있어서 '남자들은 유동적인 작업 편성을 원하지 않을 거 야.'라고 생각했던 것입니다.

자신은 '그렇지 않다'라고 생각해도 리더인 우리는 무의식적인 선입견을 가지고 있 습니다. 무엇이 당신 버전의 '여자 아이는 공룡을 싫어해!'입니까?

유쾌하게 비즈니스에 섞어 넣기

당신이 가지고 있는 비즈니스 또는 개인적인 경험 거의 대부분이 스 토리로 변모할 수 있다. 스토리를 굳이 제작하거나 짜내거나 만들어

내지 않아도 된다. 단지 당신은 자신에게 있는 경험들을 스토리로 빚
어내면 된다. 비즈니스 스토리와 개인적인 스토리를 두 가지의 분리
된 부류로 보여줬지만 종종 그 차이가 분명하지 않을 때도 있다.

예를 들자면 당신은 리처드 브랜슨 버진그룹 회장이 어떻게 비즈
니스를 하는지에 대한 스토리를 말할 수 있다. 그러나 만약 이 스토
리가 당신이 휴가 중에 읽은 책 속에 있는 내용이라면 이 스토리는 개
인적인 정황이 담긴 비즈니스 스토리가 된다. 이런 경우에 우리는 자
신의 스토리에 부류를 정하려고 너무 세세히 구분하지 말라고 조언
한다. 당신의 목적에 충족되고 청중에게 통하면 무조건 활용하라. 대
부분 개인적인 경험을 비즈니스 경험으로부터 분리하는 것은 아주
쉽다. 뭐 몇몇 경우 구분이 확실하지 않기도 하지만 사는 데 큰 지장
은 없다.

> ♣ "나는 스토리가 만들어지는 것이라고 생각해본 적이 없다. 스
> 토리는 발견하는 것이라고 생각한다. 마치 지표면 밖으로 끄집어
> 내듯이 말이다."
>
> – 스티븐 킹Steven King, 작가

이제 마음속에 목적과 청중을 염두에 두고 우리가 다음으로 소개
할 수단들을 이용해서 당신의 비즈니스와 개인적인 경험을 스토리로
바꿀 수 있는지 훑어보고 그것들의 목록을 세워보라. 함께 작업했던
한 프로젝트 리더는 장거리 비행시간을 이용해서 엑셀 스프레드시트
의 한 줄에 비즈니스와 개인적인 경험의 리스트를 작성했다. 그런 후

그는 스토리를 필요로 하는 모든 목적 목록을 다른 한 줄에 채워 넣고서 우리가 이야기할 다음 주제인 스토리 공식을 이용해 빚은 스토리로 목적에다 경험을 붙여 넣었다.

검증된 스토리 공식

지금까지 당신은 스토리의 목적을 가지고 청중을 분석하며 개인적인 또는 비즈니스 경험을 생각해냈다. 이제부터는 스토리 구성 공식을 이용해서 당신의 경험을 스토리로 바꿀 것이다.

모든 스토리는 전형적으로 세 가지의 구성을 이루고 있다.

- 도입부
- 중간
- 마무리

그럼 각각의 구성을 자세히 살펴보자.

도입부

스토리의 시작이 성패를 좌우한다. 스토리텔링, 신문, 연설문 등에서는 시작 부분을 가장 중요하게 심사숙고해야 한다. 비즈니스 스토리텔링에서도 도입부가 아주 명쾌해야 한다는 사실을 명심하라. 이 시작 부분에서 장면을 연출해 즉각적으로 청중을 사로잡아야 한다. 가장 효과적인 방법은 장소와 시간으로 스토리를 시작하는 것이다. '시간과 장소'는 끝도 없는 변형이 가능하고, 일상적인 대화 스토리텔링에서도 사용한다. 예를 들면 "어제 요가를 갔는데…….", "어렸을 때 집에 트램펄린이 있었거든. 그때를 떠올리면 말야…….", "10년 전에 가라테 무술을 배웠었는데……." 등이다.

뭐라고? 대단하고 서스펜스 넘치고 완전 혹하는 내 스토리 도입부에 뭔 일이 생긴 거냐고? 대체로 시간과 장소는 아주 평범하다. 그러나 중요한 사실은 당신이 자신의 개인사를 – 개인적인 경험을 통해서 – 이야기한다는 것이 비즈니스에서는 큰 매력이라는 점이다. 비즈니스 상황에서 누군가가 "저는 농장에서 자랐는데 그러던 어느 날을 기억합니다." 혹은 "내가 열 살 때는 크리스마스에 갖고 싶은 선물이라곤 오직 자전거 밖에 없었어."라고 얘기해준 적이 마지막으로 언제였는가?

당신은 – 특히 스토리텔링에서 앞서가고 있다면 – 철저히 '저기 어딘가 미지의' 도입부를 추구하려고 하지만, 10명 중에 9명은 시간과 장소로 시작하고, 이것이 무척이나 평범하게 들려도 청중을 당신의 스토리로 끌어들이는 데는 문제없다. 이것이 일반적인 스토리텔링과 비즈니스 스토리텔링의 핵심적인 차이점 중 하나다. 일반적인 스토리텔링에서는 스릴 넘치는 시작을 위해서 엄청난 시간을 쏟아 부을 수 있지만 비즈니스 스토리텔링에서 시간은 금이다. 시간에 쫓기고 있고 당신의 청중 역시 그러하다면 시간과 장소를 활용한 강렬하고 박력 있는 도입부를 권한다.

스토리의 시작은, 길지 않지만 청중에게 상황의 선후사정을 실명하고 다음에 무슨 말이 나올지에 대한 장면을 연출해야 한다. 이런 소소한 것들이 모여 스토리텔링을 이루는데, 시간과 장소가 이 소소한 것들 중에서 중요한 부분을 맡고 있다. 시간과 장소를 이야기함으로써 청중에게 이 스토리가 진짜라는 신호가 되는 것이다.

그럼 당신이 피해야 할 도입부도 살펴보자.

- 진짜 이야기를 해주지

이렇게 시작하는 말은 쳐내라. 이는 불필요하다. "내가 일본으로 여행을 갔을 때 일이 떠오르는군요."로 쉽게 시작할 수 있는데, 굳이 "내가 진짜 얘기 하나 해주지."와 같은 문구로 스토리를 시작하는 것을 피하라. 이는 청중에게 당신이 왜 이런 얘기를 하는지 의구심만 남게 하고 이 스토리가 진실하지 않을 수 있다고 생각하거나 아니면 당신이 얘기한 다른 모든 스토리도 진실되지 않을 거라 생각하게 할 수 있다.

- 옛날 옛적에⋯⋯

절대로 "옛날 옛날에"로 시작하지 마라. 당신이 다섯 살짜리 꼬마들에게 이야기하는 것이 아니라면. 2009년 언론사들은 고객들에게 왜 기업 등급이 향상되었는가를 설명하려 만화로 된 비디오를 보낸 '웨스트팩 은행 그룹Westpac Banking Corporation'을 혹평했다. 많은 부분이 잘못됐지만 가장 처음에 눈에 확 들어온 오류는 "옛날 옛적에"로 시작한 첫머리였다. 전 세계적인 불황기에 오르는 이자율로 고군분투하는 교육 받은 성인 고객에게 이는 거만하면서도 겸손했지만 전혀 쓸모없었다.

중간

스토리의 중간은 모든 행동이 취해지는 부분이다. 중간 부분을 작성할 때는 스토리를 효율적이고 효과적으로 만들 몇 가지 사항을 상기해야 한다.

- 월리를 찾아라

  《월리를 찾아라Where's Wally?》라는 책을 기억하는가? 그림을 쭉 훑어보고 그 속에 있는 월리를 찾는 책이다. 당신의 스토리에도 우리는 같은 질문을 할 것이다. 월리는 어디 있는가? 말하자면 당신의 스토리에서 주인공은 누구인가? 하는 것이다. 당신이 될 수 있고 다른 이가 될 수도 있다. (학교 선생님, 아버지, 그 외 기타 등등)

  인상적인 스토리를 만들기 위한 핵심요소는, 스토리에는 반드시 주인공 또는 핵심인물이 있어야 한다는 것이다. 스토리가 무리의 사람들, 팀 전체 또는 회사로 전개되어서는 안 된다는 의미이기도 하다. 무리의 사람들이나 팀 전체 또는 회사는 스토리의 정황을 설명해줄 수 있지만 스토리는 이 정황 안에 있는 한 인물을 집중적으로 조명해야 한다.

  우리가 접하는 모든 이야기에 대해 생각해보라 – 책, TV쇼, 유명한 영화 등등. 이들은 항상 인물에 대한 것으로 대개 주된 인물 한 사람만을(영웅) 이야기한다. 인간으로서 우리는 우리와 같은 개별 인물과 연관되어 있지 팀이나 부서가 아니다. 사람들은 그 특정 인물의 온갖 고난 스토리를 듣고 싶어 할 뿐, 알지도 못하는 사람들 집단에 대해 알고 싶어 하지 않는다. 그래서 이상적으로는 스토리는 한 인물에 집중돼야 하고 - 물론 그 인물이 당신이어도 괜찮다 - 당신의 캐릭터에 필히 이름을 붙여주어야 한다.

스토리에 인간미를 불어넣기 위해서는 주인공에게 이름 붙이는 것이 매우 중요하다. 그래서 당신의 스토리가 당신 형에 관한 것이면 그의 이름을 사용하는 것이 좋다. 반복적으로 "내 형은"이라고 말하는 것은 그리 바람직하지 않다. 예컨대 당신이 스토리를 "나의 형 토니는……"으로 시작할 수 있지만 인물에 대한 소개가 끝나면 그를 토니라고 지칭하는 것이 좋다. 물론 부모님이나 할머니는 우리가 항상 어머니, 아버지라고 부르듯이 그냥 그대로 불러도 된다. 종종 사람들은 개인정보 등의 이유로 등장인물의 실제 이름을 사용하기를 꺼릴 때도 있다. 비영리 분야에서 많이 볼 수 있는데 이 문제를 해결할 수 있는 몇 가지 방법도 있다.

첫 번째 방법은 ㄱ 당사자 - 고객이나 동료 - 에게 당신이 그들의 이름을 써서 스토리를 나누어도 되는지 물어보는 것이다. 당신이 단순히 그들의 이름만을 사용할 거라고 하면 대부분의 사람들은 흔쾌히 그러라고 허락한다.

두 번째 방법은 이름을 바꾸는 것이다. 예를 들면 '빌' 대신에 '존'이라고 이름을 쓰는 것이다. 절대로 "그를 그냥 존이라고 부르죠, 뭐."라고 하지 마라. 이런 얘기를 들으면 청중은 당신이 스토리를 들려주는 내내 스토리에 집중하지 못한다. 그들은 과연 이 스토리가 진짜인지 의구심을 품게 되거나 그 사람이 누구인지 알아내려고 애쓰게 된다.

"하지만 이건 진정성에 반하는 것 아닌가요?" 하고 반문할 수도 있다. 그것은 오직 당신만이 판단할 수 있다. 당신의 목적에 진정성이 있다면 어쩔 수 없이 그 당사자에게서 이름을 쓰도록 허락 받지 못했다 하더라도 스토리의 진정성에 문제 될 것은 없다.

• 과유불급

비즈니스 스토리는 접근법에 있어서 미니멀리스트Minimalist다. 코코 샤넬Coco Chanel이 지향해왔던 철학, "적을수록 좋다Less is More."처럼 말이다.

이것은 비즈니스 분야에서의 스토리텔링이라는 것을 명심하라. 당신은 사람들이 "요점만 말해!"라고 생각하기를 원하지 않을 것이다. 이런 불필요한 세부사항을 없애기 위해서 항상 목적을 확인하라. 세부사항이 목적에 꼭 필요하면 명시하되, 그렇지 않으면 과감히 걷어내라.

참가자 중 한 명이 고객서비스에 관한 스토리를 들려주려고, 그가 호주의 전자제품 대리점인 '하비 노만Harvey Norman'에서 아내를 위한 컴퓨터를 구매했던 사례에 대해 이야기했다. 그는 스토리의 처음 몇 분을 그의 아내가 새 컴퓨터를 사고 싶어 했다는 것을 설명하는 데 보냈고, 그의 아내는 기술적인 부분에선 컴맹에 가까워 그가 나서서 컴퓨터를 사게 됐다는 내용이었다. 그러나 이런 세부사항은 스토리의 목적과 아무 관계가 없을 뿐더러 여성 청중을 소외시키는 발언이었다. 그는 대신에 "어제 컴퓨터를 사러 하비 노먼에 갔다."라고 얘기하면 됐다. 이게 그가 말해야 했던 전부다.

- 느끼고, 보라!

사람들은 당신의 스토리에서 자신이 원하는 느낌을 얻으면 당신의 메시지에 관심을 갖게 된다. 그들에게 뭔가를 느끼도록 하는 것이다. 실체가 없는 추상적인 것이 아니라 사람들에게 느낌이 전해지도록 이야기를 꿰어야 한다.

감정의 중요성에 대해 계속 이야기해왔지만 스토리텔링의 성공을 위해 적절한 감정을 전달하는 것이 얼마나 중요한지는 여러 번 강조할 만하다. 청중이 실제로 느끼는 감정이냐 아니면 당신이 원하는 바를 청중이 느꼈으면 하는 감정이냐를 구분하는 것이 관건이다.

감정이 담기지 않고 감각적인 데이터가 없다면 더 이상 스토리가 아니다.

조직 프로세스의 한 측면을 외부에 위탁해야 하는 필요성을 설명하고자 스토리를 활용하고 싶은 한 의뢰인이 있었다. 일자리를 잃게 되는 그런 심각한 외부 위탁이 아니었기에 그건 그리 문제될 것이 없었다. 그녀는 직원들이 느끼는 감원될지 모른다는 불안감을 정확히 감지하고 있었다. 그것은 현재 자신이 통제하고 있던 일이 다른 누군가에게 넘어가게 되면 느끼는 초기의 거부감 같은 것이었다. 그녀는 이런 감정들을 자신이 남동생에게 운전을 가르쳤을 때의 스토리를 통해서 이야기했다. 그리고 완전히 성공적이었다. 청중들 대부분은 누군가에게 운전을 가르쳐본 경험이 있었고 – 대부분 아들이나 딸이지만 – 그녀의 스토리와 목적에 공감할 수 있었다.

감각적인 데이터는 당신이 청중을 위해 그림을 그릴 수 있도록 해 준다. 감각적인 정보는 스토리텔링의 가상현실을 가능케 한다. 사람들은 실제로 당신이 들려주는 스토리를 그들 마음의 눈으로 볼 수 있다. 여기에 케이트 스터릿Kate Sterritt의 스토리를 보자.

> **♣ 케이트의 스토리**
>
> 일곱 살이 되던 해에 나는 새 학교로 전학갔어요. 나는 몹시 수줍음을 탔고 수업시간 선생님들의 질문에 답하지도 못했죠. 그러던 어느 날 보나토Bonato 담임선생님이 수업시간에 질문을 했고, 많은 학생들이 대답하려 했지만 아무도 답을 맞히지 못했어요. 나는 답을 알고 있었지만 너무 부끄러워 손을 들지 못했었죠. 보나토 선생님이 이걸 눈치 채셨는지 내가 답을 아는지 물어보셨어요. 내가 더듬거리며 말한 대답은 맞는 답이었어요. 선생님은 그때 나에게 "케이트, 왜 좀 더 큰소리로 말하지 않았니?"라고 말씀하셨고, 나는 " 제가 생각했던 답이 다른 아이들이 대답한 것과 너무 달라서요."라고 대답했죠. 그러자 선생님이 말씀하셨어요. "그게 바로 크리스토퍼 콜럼버스Christopher Columbus가 했던 일이란다. 모두가 지구가 평평하다고 말했을 때, 콜럼버스는 세상은 둥글다고 처음으로 선언한 사람이야. 그러니 네 자신에게 좀더 자신감을 가지렴."
> 오늘날까지 보나토 선생님의 말씀은 내 가슴속에 남아 있고, 설령 당신이 남들과 다른 길을 가더라도 자신을 지지해줄 용기가 필요합니다.

이 스토리를 읽으면서 그 나이 때 당신의 학교 교실과 흡사한 교실에 앉아 있는 일곱 살짜리 학생을 상상할 수 있는가? 안경을 쓰고 있음직한 보나토 선생님이 보이고, 아이들은 질문에 답하려고 손을 들고 있고, 케이트의 수줍은 반응이 상상되는가? 이것이 바로 스토리를 보는 것이다. 감각적인 데이터를 이용해서 발표자가 청중의 마음에 그림을 그리는 것이다.

대조적으로 대다수의 비즈니스 의사소통에서는 우리의 가슴을 자극할 감정이나 마음을 붙잡을 감각적인 이미지가 없다. 예를 들면 '최고 수준', '한계 초월', '지도자의 역량' 또는 '큰 변화' 등은 거창한 전문용어의 향연일 뿐 더 이상의 의미는 없다. 이것들은 엄중한 단어들이지만 정직하게 말하면……, 그리 멋지지 않다.

반대로 인상적인 비즈니스 스토리는 알맞은 정도의 감각적인 디테일을 지니고 있다. 경험상으로 보건대 스토리에 적당한 정도의 디테일('적을수록 좋다')이 있다는 의미는 지속적으로 목적에 회귀한다는 것을 뜻한다. 우리가 앞서 언급했듯이 디테일이 목적에 중요하다면 포함시키되 그렇지 않으면 과감히 배제해야 된다.

• 복병은 디테일에 있다

스토리의 모든 팩트가 정확한지 확인하라. 만약에 세부사항들이 정확하지 않다면, 청중은 곧바로 지적할 수 있다. 또한 당신이 모든 부정적인 측면을 숨긴 채 긍정적인 면만 강조해서 상황을 미화하려는 것 역시 감지할 수 있다.

스토리텔링에서는 모든 디테일을 정확하게 구사하는 것이 중요하다. 그래서 스토리텔링은 올바른 사실을 말하기 위해 조사를 필요로 한다.

한 워크숍 참가지가 "1968년 처음으로 달에 착륙한……"이라고 그의 스토리를 시작했다. 그의 스토리가 끝나기 무섭게 경청하던 사람들은 일제히 사실 처음 달에 간 건 1969년이었다고 입을 모았다. 그 부정확한 디테일이 스토리의 효과를 감소시킨 것이다.

이런 잘못된 사소한 기술적인 오류는 청중을 헤매게 하고 혼란스럽게 만들거나 당신의 말을 따라가기보다는 그들의 머릿속에서 그 오류를 정정하려고 한다.

그래서 디테일이 정확한지 확인하는 것은 중요하다. 왜냐하면 스토리텔링에서 진짜 복병은 이 디테일 속에 있기 때문이다.

마무리

스토리를 끝맺음하는 것은 비행기를 착륙시키는 것과 같다. 하나의 잘못으로 충돌하거나 폭발할 수 있으니까. 스토리를 마무리할 때는 다음의 세 가지 과정이 있다.

- 다리the bridge, 청중을 다시 비즈니스 정황으로 되돌려 놓는다.
- 링크the link, 비즈니스 메시지로 은근히 연결시킨다.
- 일시정지the pause, 스토리의 마지막에서 일시정지한다.

- 다리

연결 문장으로 당신과 함께 하는 강의실이나 당신이 설명하는 비즈니스 정황으로 청중이 되돌아오도록 도움을 준다. 특히 '다리'는 개인적인 경험을 이야기할 때 중요하다. 그래서 가령 당신의 스토리가 아프리카의 사파리나 어린 시절에 대한 것이라면 연결 문장은 아래와 같은 간단한 문장으로 쓸 수 있다.

- "그 일이 제가 매일 직장에서 하는 일을 상기시키네요."
- "아프리카 사파리에서 벌어지는 일들이 도대체 우리와 무슨 상관

이 있을까요?”

  ―“저는 이 스토리를 여러분과 나누려고 합니다. 그 이유는……”

이제 스토리 마지막의 다음 단계인 링크로 가는 다리가 생겼다.

• 링크

링크는 당신의 스토리에 맨 마지막 문장이 되어야 한다. 목적에 재결합되어야 하지만 직설적인 방법은 아니다. 이것이 다소 속임수로 보일 수 있다.

목적을 직접적으로 언급하지 않고 접근하는 다양한 방법들이 있는데, 예를 들자면 아래와 같다.

  ―“상상해보세요. 만약에……”

  ―“제가 당신을 안내하겠습니다.”

  ―“우리가 이룰 수 있는 것들을 생각해보세요.”

  ―“만약에 그렇다면 놀랍지 않을까요?”

  ―“만약에 그렇다면 우리가 만들어낼 변화를 상상해보세요.”

실제로 위의 문장들 중 두 가지를 합쳐서 더 강렬한 끝맺음을 이끌어낼 수도 있다. 예를 들면 “만약에 우리가 이런 서비스를 매일 제공함으로써 할 수 있는 일을 생각해보세요. 우리가 만들어내는 변화를 상상해보세요.” 이렇게 말이다. 두 가지 이상은 사용하지 않기를 권한다. 왜냐하면 링크가 효과적이려면 한 문장 또는 짧은 두 문장이어야 한다. 뭐든지 과하면 지나친 법이다!

긍정적인 결말이 사람들에게 영감을 주듯이 긍정적인 링크는 매우 중요하다. 스토리의 내용이 다소 부정적이라 하더라도 – 불량한 고객 경험과 같은 – 끝을 긍정적으로 맺는 것이 좋다.

그래서 설령 당신의 기분을 나쁘게 했던 고객 경험을 들려준다면, 당신은 "고객 중의 어느 누구에게도 그와 같은 일이 일어나서는 안 된다는 걸 여러분과 공유하고 싶습니다. 고객이 칭찬을 늘어놓으며 가게를 나서는 기회를 우리는 매일 가지게 될 겁니다."라는 말로 마무리할 수 있다. 여기서 "여러분과 함께 공유하고 싶습니다." 라는 말은 '다리'로 부정적인 부분을 멈출 문장이다. "우리에게는 매일 기회가 있습니다."는 '링크' 문장이 되고, 그런 다음 스토리의 긍정적인 메시지를 붙여 넣어 목적에 연결시키면 된다.

눈치 챘겠지만 스토리의 끝은 매우 광범위한데, '여러분' 대신 '우리'를 이용한다. "여러분이 이것을 할 수 있다고 상상해보십시오."보다 "우리가 이것을 할 수 있다고 상상해보십시오."가 더 포괄적이다.

또한 스토리의 마무리는 지시적이지 않되 끝맺음에는 은근함이 배어 나와야 한다. 사람들에게 무엇을 해야 할지, 느껴야 할지, 생각해야 할지 설교하지 마라. 하고 싶어도 참고 스토리의 과정에 신념을 가져라.

"제가 안내하겠습니다."가 지시하는 듯한 "하기를 요청합니다."나 "여러분이 좀 해주시겠습니까?"보다 좀 더 포괄적이고 공손한 표현이다. 그렇다면 지도하는 듯한 끝맺음이란 어떤 의미일까? 지도하는 듯한 끝맺음이란 이렇다. "그래서 스토리의 교훈은……" 또는 "여러

분이 이 스토리로부터 느꼈으면 하는 저의 바람은……" 등등.

당신이 《이솝우화》를 쓴 이솝이고, 그 우화들을 들려주는 것이 아니라면 "이야기의 배울 점은……"과 같은 문구는 쓰지 마라.

너무 지시하듯 표현한다면 당신이 원하는 청중과의 결속을 얻지 못하기 때문에, 부드럽게 청중을 당신의 목적에 인도해야 한다.

• 일시정지

스토리의 맨 마지막 부분 – 이 부분 역시 스토리의 중요한 일부분이다 – 은 끝부분에서의 일시정지다. 물론 일시정지는 스토리를 나누는 중에도 사용되지만 엔딩에 대해 생각하는 지금 이 순간에 일시정지를 심사숙고해볼 것을 권한다.

링크 후에 당신은 청중에게 뭔가를 상상해보거나 해보라고 얘기했다. 그들에게 이를 실행할 시간을 줘라. 상상하고 연결되어 그것으로 인해 기운을 얻을 수 있도록.

스토리의 끝에서 하는 일시정지는 청중이 당신의 스토리에 자신을 연결해가는 시간이다. 이는 과정의 매우 중요한 부분이고 당신의 수고가 열매를 맺는 시간이기도 하다.

일시정지가 길 필요는 없다. 그러나 최소 3초 정도는 해보는 것이 좋다. 다소 어색할 수 있으나 익숙해지도록 노력하라. 시도해볼 만한 한 가지 방법은 코로 천천히 숨쉬기를 해보는 것이다. 물리적으로 코로 숨쉬면서 동시에 말하기란 불가능하다. 따라서 길고 느린 숨을 코를 통해 쉬어보라. 마치 호흡곤란 환자처럼 거칠게 할 필요도 없다. 단지 조용하고 천천히 하면 된다.

끝마무리 바르게 하기

스토리의 엔딩에서 사람들이 흔히 저지르는 실수에 대해 살펴봄으로써 당신은 그것들을 피해갈 수 있다.

• 반드시 끝이 있어야 한다

많은 사람들이 그들의 스토리를 공유할 때 자신의 다음 이야깃거리와 합쳐 다른 주제로 넘어가다 보니 뚜렷한 스토리의 엔딩이 없다. 다리도 링크도 일시중지도 없다. 결과는? "도대체 무슨 말을 하는 거야?"라고 생각한다.

• 멈출 때를 알라

해피엔딩으로 끝맺고 싶다면 스토리를 언제 그만둘 것인가를 아는 것이 중요하다.

♣ "청중이 듣기를 멈추기 전에 반드시 연설을 끝내라."

– 도로시 샤노프Dorothy Sarnoff, 미국 오페라 가수

모든 스토리는 감정의 종형 곡선을 보인다. 종의 꼭대기에서 멈춤으로써 최대 효과를 누릴 수 있다. 이 지점을 지나 계속 진행한다면 점차 감소 효과가 나타난다. 청중은 지루함을 느끼고 요점을 놓치거나 당신이 언제 끝낼지 궁금해한다.

이것을 피해가기 위해 마지막 문장이 무엇인지 기억하고 그 후로는 멈춰야 한다.

• 지나치게 지시하지 마라

지나친 지도 – 예를 들면 스토리를 통해 청중이 느꼈으면 하는 것을 당신이 말해주는 것 – 는 효과가 없다.

일반적인 스토리텔링에서는 대개 "스토리가 주는 교훈은……"으로 끝난다. 이것은 지시하는 듯한 엔딩이고, 비즈니스 스토리텔링에는 적합하지 않다.

당신은 청중이 당신의 메시지를 이해했다고 믿어야 한다. 이는 대부분 리더들이 어려워하는 부분인데, 이유는 우리가 청중의 지적능력을 믿고 존중하기보다는 오히려 청중에게 자세히 가르쳐줘야 한다고 배워왔기 때문이다. 청중이 당신의 의도를 파악하지 못한 것 같아 스토리 말미에 가서 지도하려거든 아예 스토리를 활용하지 않는 편이 낫다. 그냥 그들에게 당신이 원하는 바를 설명하라.

스토리는 당신이 생각하는 것보다 훨씬 더 많은 몫을 해낼 수 있고 마무리의 여백은 청중이 자신의 삶을 마음속으로 스토리에 결부시키는 시간으로, 실질적으로 자신의 스토리를 만드는 순간이기도 하다. 그런데 당신이 곧바로 지시하는 듯한 태도를 보인다면 참여하고 결속되는 것과는 반대로, 명령하고 통제하려는 방식으로 되돌아가는 것과 같은 이치다.

• 부정적이지 마라

스토리의 마무리가 부정적이라면 청중의 긍정적인 반응을 기대하지 마라. 영화 〈슈렉2〉 편에 나온 대사를 빌리자면 "당신들 모두의 엔딩이 행복하기를!"처럼 우리 모두는 해피엔딩을 염원하는데 스토리텔러로서 왜 그런 청중의 열망을 깨뜨리려 하는가?

– 올슨 웰즈Orson Welles, 배우이자 감독

훌륭한 스토리지만 부정적인 결말이라면 어떻게 해야 하나? 여전히 쓸 수 있다. 당신이 해야 할 일은 부정적인 결말을 긍정적인 엔딩으로 바꿀 수 있는 방법만 생각해내면 된다. 물론 이것을 말로 하기는 쉽다. 어떻게 할 수 있는지 예를 보도록 하자.

워크숍 참가자인 케이트의 스토리다.

♣ 허리케인 래리

작년 퀸스랜드 주의 이니스파일 지점에 방문했을 때, 다이엔Diane은 허리케인 래리가 도시를 강타했던 날 얘기를 들려주었습니다. 지점 사무실은 심하게 파손되어 빗물로 가득 찼고 대부분의 단말기가 작동되지 않았었죠. 그러나 다행히도 다른 지점 은행들에 비해 그리 심한 정도는 아니었다고 해요.

그녀와 다른 몇몇 직원들은 출근을 했지만, 다른 일부 직원들은 집이 심하게 훼손됐고 가정 역시 그들을 필요로 하는 상황이었답니다. 그래서 몇 시간 동안 이동해야 하는 근처 지점의 직원에게 연락해서 도움을 요청했죠. 마침내 근처 지점 직원들의 도움으로 하루 만에 단말기 한 개를 복구하는 데 성공했고, 정상적으로 업무를 볼 수 있게 됐다고 해요. 필요한 현금과 서비스가 제공될 수 있어서 지역사회에 큰 도움이 되었죠.

그런데 다이엔은 허리케인이 와야지만 진짜 팀워크가 발휘되는 것 같아 안타까웠다고 말하더군요.

아마도 당신은 스토리의 엔딩이 다소 부정적이라고 생각할 수 있는데, 케이트는 이를 어떻게 긍정적으로 만드는지 알지 못했다. 우리는 케이트와 엔딩 부분을 함께 작업했고, 다음과 같이 스토리의 엔딩을 수정했다.

> 다이엔이 본 것은 '팀워크의 힘' 이었어요. 그러나 우리는 그 힘을 키우기 위해 허리케인 따위가 올 때까지 기다릴 필요는 없겠죠. 팀워크 정신이 우리가 매일 하는 일의 한 부분이라면, 우리가 만들어낼 수 있는 변화를 상상해보세요.

영감을 주는 스토리텔러로서 당신이 지향하는 바는, 당신 스토리의 엔딩이 사람들에게 긍정적인 여운이 남도록 하는 것이다.

모두 한 데 집약하기

이제 시작과 중간 그리고 마무리가 어떻게 함께 협력하는지를 살펴보자.

우리가 책 앞 부분에서 소개한 스토리를 분석해보자. 이것은 대런 화이트로의 스토리로, 그가 목적하는 바는 회사의 리더들이 이메일을 적게 보내는 대신 사람들과 좀더 자주 만나기를 바란다는 취지였다.

먼저, 도입부와 중간 그리고 마무리를 찾아보자.

> ♣ **오직 진짜만이 통할 때가 있다**
>
> 지난 달 나는 해외여행을 할 기회가 생겨서 잔뜩 기대에 부풀어 올라 있었습니다. 이번 여행이 나의 뻔한 일상에 휴식과 같은 것이었죠. 내가 해외에 있는 동안 아내는 노트북을 딸아이 전용 식탁에 설치해놓았고, 딸아이와 나는 매일 웹캠을 통해서 대화하곤 했어요.

한번은 노트북이 소파로 떨어졌는데 딸아이가 주워서 안고는 "아빠!"라고 소리쳤다고 아내가 얘기해줬습니다. 그 이야기를 듣고서 나는, 인생에서 가끔은 당신을 대체할 수 있는 것이 있겠지만, 어떨 때는 오직 진짜만이 통할 때가 있다는 사실을 깨닫고서 가슴이 찡했습니다.

우리는 리더나 의사결정자로서 매일 같은 선택을 한다는 사실을 상기하며 이 스토리를 여러분과 공유하고자 합니다. 이메일을 보낼 수도 있겠지만 우리는 밖으로 나가 직원들과 얼굴을 마주하고 이야기할 수도 있습니다. 왜냐하면 때로는 오직 진짜만이 통하기 때문입니다.

- 도입부

이 부분이 시작 부분이다.

지난 달 나는 해외여행을 할 기회가 생겨 잔뜩 기대에 부풀어 올라 있었습니다. 이번 여행이 나의 뻔한 일상에 휴식과도 같은 것이었죠.

위의 문장은 시간과 장소를 간결하고 효율적으로 나타내고 있다. 또한 즉각적으로 스토리의 정황을 설명한다.

- 중간

중간 파트는 이렇다.

내가 해외에 있는 동안 아내는 노트북을 딸아이 전용 식탁에 설치해놓았고, 딸아이와 나는 매일 웹캠을 통해서 대화하곤 했어요.

이 부분은 알맞은 정도의 디테일을 주고 있고, 딸아이가 떨어진 노트북을 안게 된 감성적이고 감각적인 데이터가 포함된 특별한 사건을 말해준다.

• 마무리

이 문장이 다리 역할을 한다.

이 연결 문장이 현실로 돌아오도록 만들고 대런이 왜 이 스토리를 들려주는지 설명하고 있다.

링크는 이 부분이다.

마무리는 지시하지 않으면서 권유하고 포용한다. 대런 역시 완벽하지 않은 인간이기에 '우리'라는 단어로 이 스토리가 주는 메시지대로 행동해야 한다는 의미를 내비친다.

이 스토리가 효과적인 이유는 검증된 스토리 공식의 요소들을 모두 내포하고 있기 때문이다.

무엇이 더 남았을까?

거의 끝나가지만 아직 다 끝나지 않았다. 스토리를 만들어낼 때 염두에 두어야 하는 것들이 몇 가지 더 있다.

스토리를 적어보라

자신의 스토리를 필기해두는 습관을 들이도록 노력하라. 스토리 적어보기는 굉장한 훈련이 요구되지만 당신을 더욱 능수능란하게 만들 것이다. 물론 청중 앞에서 발표할 때까지 당신의 스토리를 대중들에게 소리 내어 들려주는 일은 없을 것이다. 필기하는 것이 내키지 않으면 전화기에 녹음을 해보는 방법도 있다. 이런 방식 역시 스토리의 흐름이나 구성, 자연스러운 목소리 등을 확인해볼 수 있다.

스토리에 제목 붙이기

스토리를 적은 후 그것에 제목을 붙이는 것이 중요한 이유는 쉽게 기억해내기 위해서다. 예컨대 '구리머리살모사'리든가 '세탁기 스토리'처럼 말이다. 하지만 실제로 스토리의 제목을 말해서는 안 되는데.

이는 "제가 여러분께 구리머리살모사에 대한 스토리를 얘기해줄게요."라고 말하지 말라는 뜻이다. 헉! 무슨 말인가? 스토리에 이름 붙이기는 자신의 개인적인 참고사항일 뿐이다. 고객을 대상으로 한 발표문을 준비한다면 써놓은 문장 옆에 '여기서 구리머리살모사 스토리 사용하기'라고 표시를 해둔다. 이같은 방법으로 빠르고 쉽게 스토리 전체를 다시 쓰지 않고서도 기억해낼 수 있다.

당신이 들려준 스토리에 청중들이 이름을 붙인, 그들이 가장 좋아하는 스토리를 반복적으로 요청해도 그리 놀라지 마라. '독사 이야기'라든지 '세탁기 이야기' 등을 해달라고 요구할지도 모른다. 이는 스토리가 얼마나 끈끈한지를 보여주는 것으로 사람들이 자꾸만 듣고 싶어 한다는 반증이다.(물론 훌륭한 스토리일 경우에 그렇다.)

스토리의 길이와 시간

스토리가 너무 길지 않도록 주의하라. 경험상 1~2분 정도가 적합하다. 더 길게 갈 수도 있지만 불필요한 디테일은 가차 없이 배제해야 한다. 계속해서 목적으로 회귀하라. 목적에 부합되면 택하되 그렇지 않다면 걸러내라는 명제를 명심하라.

스토리가 제대로 완성되기 전까지는 몇 번의 수정 작업을 거쳐야 되므로 스토리를 제작하는 중에는 써보는 연습을 꾸준히 해야 한다.

스토리의 시간에 관해서는 도입부 부분은 1문장 또는 2문장 정도가 좋다. 중간 파트가 스토리 중에 가장 긴 부분이고, 다리와 링크는 각각 1~2문장이 적절하다. 그 후 일시정지를 가져야 한다.

스토리의 길이를 나누어보면 〔그림 4.1〕과 같은 형태로 보인다.

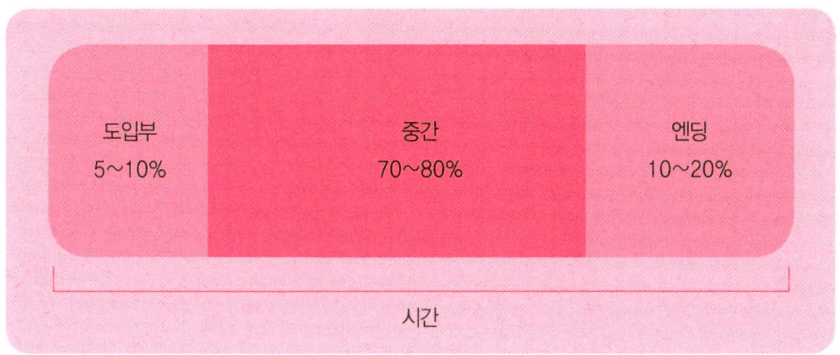

당사자 허락 받기

이 내용에 대해서는 이미 다루었지만, 당신의 스토리에 사람들의 이름을 사용하거나 혹은 그들의 스토리를 이야기하기에 앞서 당사자의 허락을 먼저 구하는 것은 중요하다. 이를 위해 변호사나 회사의 법률 고문 또는 근거 서류 등을 이용할 필요는 없다. 매우 편안하게 접근할 수 있는데, 만나서 물어보거나 이메일 등을 이용할 수 있다. 대부분의 사람들은 단번에 흔쾌히 동의한다. 가끔은 자신의 이름만 사용하도록 허락하는 사람도 있다. 물론 그것도 괜찮다. 우리가 해온 비즈니스가 사람들의 스토리를 공유하는 것에 기반을 둔 만큼 이런 단순한 전략이 효과적이라는 것도 알고 있다. 물론 이유를 막론하고 그들이 자신의 스토리를 사용하길 거절한다면 그들의 요구를 존중해야 한다.

찬사가 있어야 할 곳은 찬사하라

때로는 당신이 읽고 들은 스토리를 활용할 기회가 생길 수도 있다.

이때는 스토리의 원천을 인정하는 것이 중요한데, "이런 이야기를 들었던 기억이 있다."라거나 "최근에 내가 읽은……"과 같은 간단한 서술이나 또는 "내가 어디서 들었는지 확실하지는 않지만"이라고 이야기할 수 있다.

당연히 스토리를 처음 사용한 사람을 알고 있다면, 그에게 공을 돌려야 한다. 우리의 멘토인 '소트 리더스 글로벌Thought Leaders Global' 회사의 매트 처치Matt Church는 이를 '명예로운 공덕attribute with honour'이라고 불렀다. 스토리의 원천에 존중을 표하고, 이런 스토리를 공유하게 된 청중에게도 영광을 돌려라. 또 이렇게 함으로써 자기 자신도 명예롭게 된다. 이처럼 한다고 해서 스토리의 격이 떨어지거나 그 효과가 줄어들지는 않는다.

당신의 스토리를 신뢰하고, 신뢰 받도록 만들어라.

우리 고객 중에 한 명이 개인적인 스토리를 들려주면서 청중으로부터 어떻게 큰 환심을 사는지를 말해주었다. 바로 다음날 다른 발표자가 똑같은 스토리를 이야기하면서 "이 스토리는 내가 읽었던 것"이라고 말했다. 두말할 필요도 없이 첫 번째 발표자의 신뢰도는 땅에 떨어졌다.

마지막으로, 제대로 된 스토리를 빚어냈는지 확인하기 위해 체크리스트를 활용하는 것도 좋다.

스토리를 적어본 후 테스트해보는 것은 좋은 훈련이 된다. 스토리를 점검하고 다듬을 때마다 이 체크리스트를 활용해보자.

- [ ] 목적이 분명하고, 하나의 목적만 있는가? (단독 메시지, 범퍼 스티커)
- [ ] 청중은 누구이고, 그들의 동기와 관심사항은 무엇인가?
- [ ] 개인적인 또는 비즈니스 경험을 추려내어 스토리로 써본 적이 있는가?
- [ ] 스토리를 구성해보고 먼저 시간과 장소로 시작하라.
- [ ] 절대로 "내가 믿을 만한 얘기를 해볼게."라든가 "옛날 옛적에 ……"라는 어구는 쓰지 마라.
- [ ] 월리를 찾아세 당신 스토리의 주인공은 누구인가?
- [ ] '과유불급'! 코코 샤넬의 철학을 기억하고 불필요한 세부사항은 과감히 없애라.
- [ ] 느끼고 보라. 스토리에 감성적이고 감각적인 데이터가 있는가?
- [ ] 복병은 디테일에 숨어 있으니 모든 팩트를 바로 잡으라.
- [ ] 스토리가 지시적이지 않으면서 목적에 부합되는가?
- [ ] 스토리를 적어본 적 있는가?
- [ ] 스토리에 제목을 붙여라.
- [ ] 스토리의 길이와 시간을 살피라.
- [ ] 필요하면 스토리 당사자의 허락을 구하라.
- [ ] 스토리를 신뢰하고 신뢰 받도록 만들어라.

　물론 이 체크리스트에 구속 받지는 마라. 수정할 여지는 충분히 있다. 하지만 리더들의 스토리가 효과가 없을 때는 대개 체크리스트가 충분히 검토되지 않은 경우가 많았다. 우리는 당신이 스토리를 테스트할 때, 스토리가 최대한 영감을 불러일으킬 수 있도록 체크리스트를 활용하라고 추천하는 것이다.

◉ 잘 이해했나?

→ 스토리를 만들 때 먼저 당신이 왜 이 스토리를 이야기하는지 목적을 분명히 하라. 목적과 연관된 전문용어를 하나도 사용하지 않고도 또렷이 전달할 수 있어야 한다.

→ 청중 분석은 스토리의 효율성을 위해 필수적이다. 그들의 관심사와 동기가 무엇인지 간파해야 한다.

→ 인생 전반에 걸쳐 스토리를 찾아낼 수 있다. 어린 시절부터 현재까지, 그 일상의 경험이 가장 영향력 있다.

→ 모든 스토리에는 시작이 있고 시간과 장소로 전개되는 도입부가 좋은 방법이 될 수 있다. 그러나 "얘기해드리죠."라든지 혹은 "진실한 이야기를 들려드리겠습니다." 류의 어구는 사용하지 말라.

→ 스토리의 중간에는 모든 디테일들이 포함되어 있다. 이 부분에서는 청중이 뭔가를 느끼고(감정), 볼 수(감각적인 데이터) 있도록 해야 한다.

→ 스토리의 효과를 극대화하려면 마무리가 매우 중요하다. 마무리는 다리 역할을 하는 문장과 목적으로 회귀하는 링크, 그리고 말미에 일시정지를 담고 있다.

→ 스토리는 1분 내지 2분의 길이가 적당하다.

→ 스토리를 적어 보는 것과 이에 걸맞은 제목을 붙이는 것은 좋은 훈련이 되고, 또 타인의 이름과 그들의 스토리를 빌려야 한다면 반드시 허락을 구하라.

◉ 얼마만큼 이해했나?

→ 스토리의 도움으로 당신이 전달하고 싶은 메시지 – 새로운 전략에 대한 메시지, 변화에 대한 이유 또는 사람들에게 프로젝트 구상을 업데이트하고자 하는 메시지 등 – 에 대해 심사숙고하라.

→ 목적을 매우 단순하고 전문용어가 없는 단어로 적은 다음 범퍼 스티커로 바꿔
보라.
→ 메시지에 맞게 청중에 접근하라. 그들은 누구인가? 그들에게 동기를 부여하는
것은 무엇인가? 그들의 관심사는?
→ 목적과 청중에 적합한 비즈니스와 개인적인 일상의 실례를 찾기 위해 세세히
살펴보라.
→ 스토리를 만들어내기 위해 검증된 스토리 공식(스토리 체크리스트)에 대입시켜
보라.
→ 스토리를 적어보고 마무리에 신경 써라.
→ 스토리에 제목을 넣고 다시 한 번 체크리스트로 확인하라.

지금까지 우리는 어떻게 스토리를 만들어낼 것인가를 살펴보았다. 다음 장에서는 최대한의 효과를 발휘하도록 어떻게 스토리를 빛나게 할 것인가를 설명할 것이다.

CHAPTER 5

"항상 당신이 하는 모든 일에 그것이 신체에 관해서는
무엇이든지 간에 한계를 둔다면, 이것이 당신의 일, 그리고
나중엔 인생으로 퍼져 나갈 것이다. 한계란 없다. 단지 정체만
있을 뿐이다. 거기서 멈추지 말고 그걸 뛰어넘어야 한다."

– 이소룡Bruce Lee, 무예가이자 영화배우

자, 이제 당신에게는 훌륭한 스토리가 있다. 그렇지만 당신의 스토리가 영향력 있는 스토리인지 어떻게 확신할 수 있나? 이를테면 수백만 달러의 계약이 당신에게 낙점되어 승진을 한다든지, 또 영업 판매 목표치를 초과 달성한다든지, 혹은 앞으로 있을 회사 이벤트에 무대 발표자로 낙점되는 일 같은 것을 가능하게 해주는 스토리 말이다.

당신이 위의 일을 모두 다 이루고 싶다면, 이 장은 당신을 위한 것이다. 우리는 사람들이 당신과 당신의 메시지에 매료당하도록 스토리를 '빛나게' 하기 위해 노력할 것이다.

스토리의 걸림돌 피하기

스토리에 어떤 '장애물'이 있는가를 확인하는 것이 첫 번째 해야 할 일이다. 장애물이란 청중이 스토리에서 이해하지 못하는 대목을 가리킨다.

한 발표자가 화요일에 쇼핑을 하면서 가게들이 5시에 문을 닫느라 매우 서둘렀다는 스토리를 들려주는 것을 본 적이 있다. 그러나 '화요일에 가게는 밤 늦게 9시까지 영업하는데…….'라고 청중들은 생각했다. 그 즉시, 청중을 혼란스럽게 하고 생각하게 만드는 장애물이 스토리에 생겼다. 당신은 디테일을 바로 잡지 못했다. 스토리의 나머지는 진실한가?

장애물이 될 수 있는 예는 다음과 같은 것들이 있다.

- 잘못된 디테일
- 무리한 사실
- 민감한 주제
- 타 문화의 일방적 추종

이 예들을 자세히 알아보자.

부정확한 디테일

우리의 고객 중 한 명이 2000년 아테네 올림픽에 대한 스토리를 시작하려 하고 있었다. 맙소사! 그렇다. 예상대로 큰 실수였다. 2000년 올림픽은 호주 시드니에서 개최되었다. 더욱이 청중의 대부분은 시드니에 살고 있어서 모든 사람이 데이터가 틀린 것을 알고 있었다. 그가 이야기를 시작하자마자 사람들은 이 부분만 생각하고 있었다.

이런 실수는 무척 값비싼 대가를 치른다. 시작부터 청중은 당신의 신뢰도에 의구심을 갖는다. 그가 잘못된 정보를 가지고 있다면 청중은 '또 뭐가 잘못되었을까?'라고 생각하기도 한다. 그뿐만 아니라 당신이 새로운 고객에게 설명하고 있는데 그들이 시드니 올림픽에 관여했던 사람들이라면 어땠을지 상상해보라. 당신은 매우 부주의하고 부적격하게 보일 것이다.

무리한 사실들

우리 고객 중 한 명이었던 소냐Sonia는 멀리 떨어진 타스메니아 섬Tasmania에 사는 고객에게 긴급 배달 서비스를 했던 동료의 고객서비스 스토리를 들려주었다. 쓰러진 나무들로 도로가 막혀서 그녀의 동료는 차 트렁크에 있던 전기톱으로 나무를 자르고 도로를 치워가며 계속해서 배달을 이어갔다고 말했다.

당신은 차 트렁크에 전기톱을 가지고 다니는가? 아니다. 우리 중 아무도 그리고 청중의 대부분도 그렇지 않았다. 다행히도 소냐는 청중의 불신을 감지하고는 차 안에 전기톱을 가지고 다니는 건 약간 비상식적이라고 농담을 하면서 타스메니아 섬과 같은 곳에서 일하거나 생활한다면 매우 흔한 일이라고 설명했다. 그녀는 눈을 휘둥그레 뜨며, "네 그러게요. 차 트렁크 안에 전기톱이라니요! 타스메니아에서만 가능한 일이죠."라고 에둘러 설명했다. 사람들은 웃었고 스토리의 나머지 부분을 무사히 마칠 수 있었다.

스토리에 좀 과장되게 들리는 부분이 있다면, 그것이 설령 사실이라 하더라도 소냐가 한 것처럼 적절한 상황 설명이 뒤따라야 한다.

민감한 주제

청중의 감성적인 반응을 불러일으키는 것이 비즈니스 스토리텔링의 한 요점이 된다는 사실을 상기하라. 그러나 몇몇은 좀 더 주의를 기울이고 공감이 필요한 주제들도 있다. 중병을 앓고 있거나 사랑하는 사람을 잃은 이들, 그리고 가슴 아픈 감정이나 기억을 간직한 사람을 대할 때는 매우 조심스러워야 한다.

예를 들면, 자신의 배우자가 암 투병을 한다는 사실을 말해놓고 이야기가 끝나갈 때쯤에야 지금은 배우자가 괜찮다고 얘기하는 것은 흔한 일이다. 하지만 이런 종류의 긴장감은 영화에서는 통하지만 일반적으로 비즈니스 스토리텔링에서는 청중을 걱정시키거나 당신의 얘기에 집중하지 못하게 만든다.

이를 비껴갈 수 있는 방법은 결말을 처음에 밝히는 것이다. 예컨대 "5년 전에 내 딸아이는 거식증 진단을 받았습니다만 지금은 건강하고 튼튼해서 기쁩니다. 하지만 그 시기가 저에게는 가장 끔찍한 시간이었죠."라고 스토리를 시작할 수 있다. 그래야 장애물이 제거된 스토리를 계속해서 이어갈 수 있다.

만약에 해피엔딩이 없다면? 스토리텔러로서 이것은 중요한 고비다. 행여 불행한 결말이지만 당신의 목적과 청중에게 효과가 있다면 이 스토리를 사용할 것인가를 결정해야 한다. 그러므로 믿을 만한 조언자에게 이것이 그런 경우에 해당되는지 먼저 확인하는 것이 좋겠다.

특정 문화의 추종

무척이나 기분 나쁘고 부적절한 농담을 듣고 나서 차라리 듣지 말았더라면 하고 생각했던 경험이 있는가? 솔직히 말하자면 인종, 종교, 성별에 관련된 어떤 것도 출입금지 영역이다. 요주의 사항으로써 당신이 괜찮다고 생각하는 것이 다른 이에게는 불편할 수 있다.

호주 총리 줄리아 길라드Julia Gillard의 남자친구인 팀 매티슨Tim Mathieson의 예를 보자. 2013년 1월에 그는 서인도 크리켓 팀의 환영회를 주최하고 있었다. 〈멘즈 헬스Men's Health〉 잡지의 대표로서 그는 전립선암을 위한 정기 건강검진의 중요성에 대해 이야기하면서, "우리는 혈액검사를 합니다. 하지만 정확한 전립선 수치를 알기 위해서는 디지털 검사 방법이 가장 정확합니다. 반드시 가서 검사하되 아마도 자그마한 아시안 여자 의사를 찾아보는 게 최상의 방법일 것입니다."라고 얘기했다. 방 안에서 웃음이 터져 나왔지만 언론에서는 그야말로 난리가 났다.

멜버른 〈에이지Age〉 신문사의 토니 라이트Tony Wright는 신문에 "이야! 단 세 단어로 매티슨은 확대된 범위로 발의된 차별 금지법을 위배했다. 자그마한(크기 차별주의자, 당신도 그렇게 생각했겠지.), 여자(성 차별주의자), 아시안(인종 차별주의자). 우리는 디지털 투시장비 근처에도 가지 말아야 겠다."라고 기사를 썼다. 라이트는 그의 부적절한 단어 선택으로 생긴 실수는 이번이 처음이 아니라고 덧붙였다.

무심코 시도한 유머가 역효과를 내는 것에는 무엇이 있나? 특히 약간의 성 차별적, 인종 차별적인 암시를 내포하고 있는 경우를 생각해보자. 예를 들어, 한 남자가 그의 아내를 '마누라'라고 부른다는 스토리의 경우, 그에게는 용납되지만 다른 사람들에게는 (특히 여성들에게는) 장애물이 될 수 있고, 스토리텔러인 당신에 대해 잘못된 인식을 가질 수 있다. 이런 경우 낡고 성 차별적인 언어를 쓰기 때문에 당신은 현실에 뒤쳐져 있다는 말을 들을 수 있다.

일단 스토리에서 걸림돌이 확인되면 우리가 제시한 방법들로 이 장애물을 제거하면 된다. 그 다음은? 당신의 스토리를 빛나게 할 또 다른 방법, 적절한 유머를 사용하는 것이다.

목적 있는 유머 활용하기

♣ "유머는 매우 진지한 일이다."

– 윈스턴 처칠Winston Churchill, 전 영국 총리

모든 사람들은 스토리를 좋아한다. 특히나 재미난 스토리는 더욱 그렇다. 하지만 목적 없는 유머나 무의미한 유머로 그냥 농담이나 하는 사람, 조커로(3장, 돌란 나이두 스토리 인지 모델에 나오는 이 용어를 기억할 것이다.) 전락하지 마라. 그렇다고 너무 위축될 필요는 없으니 힘내시길!

유머가 비즈니스 스토리텔링에서 하는 역할은 분명히 있고, 우리는 그것을 활용하라고 권한다. 다만 목적에 맞게 해야 한다는 의미

다. 스토리에서 언제 그리고 왜 유머를 써야 하는지 살펴보자.

어색한 분위기를 깨는 것으로 시작하기

유머가 신체에 이로움을 준다는 사실은 과학적으로 밝혀졌다. '웃음이 최고의 치료약'이라는 옛 속담에 담긴 명언처럼 말이다.

웃음은,

- 온 몸의 긴장을 풀어주고,
- 스트레스 호르몬을 감소시키고,
- 편안하고 기분 좋게 하는 엔도르핀이라는 호르몬을 분비시킨다.

이는 당신과 청중에게 좋은 소식이 아닐 수 없다. 웃음이 당신의 긴장을 풀어줄 뿐만 아니라 불안감을 덜어주고, 행복 호르몬을 증가시키며, 동시에 청중에게도 같은 효과를 가져다준다.

우리는 회사의 연례총회에서 발표를 앞둔 네 명의 젊은 리더들과 같이 작업한 적이 있다. 리더 중 한 명이었던 폴Paul은 연습할 때조차 몹시 긴장하고 있었다. 스토리의 중간쯤 그의 유머 섞인 문구들에 우리 모두는 웃었다. 그후로 그는 좀 더 자연스러운 어조로 스토리를 이어갔다. 모두가 웃자 당사자인 폴 역시 웃었고, 이것으로 그의 긴장이 조금 해소됐고, 스토리의 흐름도 더 나아졌다.

우리는 그가 좀 더 빨리 긴장을 완화할 수 있도록 스토리를 풀어갈 때 유머러스한 문구들을 발표문의 앞쪽으로 배치하라고 건의했다. 이는 보다 일찍 그가 편안하게 스토리를 이끌어가고 좀 더 호감 가는 스토리로 만드는 데 도움이 되었다.

진지한 분위기 밝게 하기

때때로 무거운 주제나 경직된 스토리를 가벼운 구절들로 엮어서 분위기를 밝게 할 수 있다. 이것은 마치 스토리에 회색, 검정, 흰색의 그림자가 있는 것과 같다.

‘나약함의 파워The Power of Vulnerability’ 라는 테드TED 강의에서 연구교수이자 발표자인 브르네 브라운Brene Brown은 연구를 제쳐두고 치료 전문가를 찾아간 절박했던 순간을 이야기했다. 그녀는 5명의 친구들에게 전문가를 소개해달라고 부탁했지만 그들 모두는 의사들이 아마도 그녀를 치료하고 싶어 하지 않을 거라고 비야냥거렸다. 브르네는 치료 전문가를 만날 때마다 그들에게 “명심해주세요. 가족 얘기나 어린 시절 얘기는 하지 않을 거예요. 젠장! 저는 그냥 방법이 필요할 뿐이라구요!”라고 요구했다. 이런 스토리가 청중에게 불편함을 느끼게 할 수도 있었지만, 스토리에 녹아 있는 유머로 브르네는 청중을 웃게 만들었고 강의장 분위기를 환하게 할 수 있었다.

브르네가 한 것처럼 스토리의 적절한 시점에, 준비된 유머들로 무거운 분위기를 헤쳐 나갈 수 있다. 청중이 당신의 스토리에 충분히 빠져들 수 있고, 어떠한 음울하거나 불편한 요소로 방해받지 않게 하기 위해서는 분위기를 가볍게 만들려는 노력은 중요하다.

겸손 내세우기

당신 자신에 대한 스토리를 이야기할 때 본인이 얼마나 훌륭한가에 대한 스토리는 피하는 것이 좋다. 스토리가 자신이 대단한 일을 한 것과 연관되어 있다 하더라도 유머를 이용해서 겸손하게 내세우면 된다.

이것이 당신의 업적을 업신여기라는 의미는 아니지만, 약간의 자기 비하적인 유머는 언제나 성공한다. 예를 들면, 클럽 팀의 '최고의 선수상'을 수상한 선수가 "지금 나를 보고서 그 사실을 믿기가 매우 힘들다는 걸 알고 있습니다."라고 말하는 것처럼 말이다.

다음으로 우리는 최대한의 효과를 위해 스토리를 어떻게 고르고 선별할 것인가에 대한 당신의 안목을 일깨우는 이 주제에 더 깊이 파고들 것이다.

부정적인 스토리, 긍정적인 스토리

당신이 얘기하는 스토리는 부정적이거나 긍정적이다. 스토리텔러로서 긍정적인 그리고 부정적인 스토리 양쪽 모두의 이점과 한계를 인지하고 어느 상황에 맞게 활용해야 할지 이해하는 것도 매우 중요하다.

부정적인 스토리

부정적인 스토리란 대개 언짢은 사건과 불행한 결말을 말한다. 이는 부정적으로 시작해서 계속 부정적이다가 부정적으로 끝난다. 예를 들면, 리더가 그의 팀원들에게 올바른 일처리의 중요성에 대해 설명하고자 시도했던 경험과 관련된 스토리를 보자.

이 스토리는 부정정적이다. 왜냐하면 부정적이게 시작했고 더 이상 나아지지도 않았다. 말미엔 부인과 아이들에게 책임을 전가하는 모습도 보였고, 듣고 있는 청취자에게 그리 좋은 인상을 남기지는 못했다.

우리 주위에는 엄청난 양의 부정적인 스토리들이 있다. 물론 각자 자신의 것도 있을 것이다. 고객서비스 분야에서는 이런 말들이 오간다. 고객은 구매한 제품이 만족스러우면 한 사람한테만 그 사실을 이야기하지만, 그렇지 않다면 10명에게 불평한다. 부정적인 스토리를 전파하려고 커뮤니케이션 계획을 세울 필요는 없다. 그런 스토리는 들불처럼 재빠르게 퍼져 나간다. 그래서 이런 스토리의 의도와 한계점을 이해하는 것이 중요하다.

부정적인 스토리는 매우 특정한 목적을 가지고 있어야 한다. 사람들을 놀라게 해 상황을 달리 보게 하고, 긴박함을 느끼게 해 배우도록 한다. 즉 상황 인식을 높이는 데 효과적인데, 특히 어느 누구도 현시점에 문제가 있다고 생각지도 못한다면 더욱 그러하다.

부정적인 스토리를 잘 활용하기 위해서는, 이것이 사람들에게 정보를 제공하는 데만 그칠 뿐 그들의 행동을 변화시키지 않는다는 사실을 인지해야 한다. 부정적인 스토리를 이야기함으로써 사람들에게 기껏해야 내키지 않는 수긍 정도는 얻어낼 수 있겠지만, 긍정적인 스토리가 주는 장기간의 효과적인 행동 변화를 기대할 수는 없다. 왜냐하면 부정적인 스토리는 단지 알려줄 뿐 영향을 끼치지는 않기 때문이다. 긍정적인 방향으로 장시간 동안 행동에 영향을 주고 싶다면 반드시 긍정적인 스토리를 활용해야 한다.

부정적인 스토리는 실행에 영향을 미치거나 행동을 변화시키는 데 한계를 가지고 있으므로 부정적인 스토리 뒤에는 긍정적인 스토리가 뒤따르는 것이 좋다. 먼저 네거티브한 스토리로 청중을 놀라게 해 상황 인식을 고취시킬 수 있다. 그러나 계속 그런 상태에 머무른다면 더 이상 문제를 인식할 수 없게 된다.(물론 이것이 당신이 성취하고자 하는 바라면 괜찮겠지만.)

하버드경영대학원의 존 코터 교수는 자신의 경험을 이야기해주었다. "나는 몇 년 전 사람들이 부정적인 사례보다는 긍정적인 사례를 더 원한다는 결론을 얻었다. 사람들은 자신이 너무나 많은 부정적인 일들을 보고 있다는 사실을 안다. 53가지의 부정적인 스토리를 이용했지만 사람들이 정작 원하는 것은 효과가 있는 긍정적인 사례들이었다.”

그래서 '부정적인 스토리의 목적은 청중의 이목을 끄는 것이다.'라는 것을 이해하는 게 중요하다. 분명 이런 스토리는 정보를 제공하고 상황 인식을 드높이고 긴장감을 준다. 또한 이런 스토리가 행동 변화를 이끌어내지 못한다는 한계를 인식하는 것 역시 중요하다. 당신이 원하는 바를 이루려면 부정적인 스토리에 재빨리 긍정적인 스토리를 뒤따르게 해야 한다.

긍정적인 스토리

긍정적인 스토리는 역경에 도전하거나 대처한 이야기를 소개하는데, 긍정적인 부분은 문제를 어떻게 극복했나 하는 부분이고 밝고 행복한 엔딩을 보여준다.

이는 꽤나 진부하게 들리지만 훌륭히 해낸다면 이 방법은 간단하고 효과적이면서 강력하다. 우리는 미국인 학자 조셉 캠벨Joshep Campbell이 처음 묘사했던, '영웅의 여정The Hero's Journey'을 품고 있는 인기 절정의 TV쇼나 영화, 책 등에 혹한다. 이것은 뻔한 모험에서 영웅의 원형으로 보이는 인물이 문제에 직면해 그것들을 헤쳐 나가는 이야기 패턴이다.

어떤 긍정적인 스토리는 끝까지 긍정적이고, 어떤 스토리들은 '영웅의 여정' 같은 구조를 보인다. 그래서 부정적인 스토리가 부정적이게 시작해 부정적이다가 부정적으로 끝나는 반면, 긍정적인 스토리는 긍정적이거나 부정적으로 시작할 수 있다. 행여 스토리가 다소 부정적으로 시작했더라도 긍정적으로 바뀔 수 있고, 또 긍정적으로 끝맺음을 할 수도 있다.

부정적인 스토리와는 달리 안타깝게도 긍정적인 스토리는 늘 부족하다. 〈허핑턴포스트Huffington Post〉는 이 문제의 해결책으로 '영감을 주고 긍정적이며 효과 있는 것에 주목하기, 허핑턴포스트는 대부분 미디어가 외면한 좋은 뉴스거리를 싣고 있다.'라는 섹션을 운영하고 있다. 긍정적인 스토리에 영감을 얻고 싶다면 www.huffingtonpost.com/good-news를 찾아보라.

부정적인 혹은 긍정적인?

물론 모든 스토리가 이 두 가지 분류 중 한 가지에 정확히 들어맞는 것은 아니다. 종종 구분이 모호한 경우도 있다. 결정짓는 것은 스토리의 결말이 어떠한가이다. 스토리를 시작했을 때보다 듣는 이가 더 기분이 좋은가? 그렇다면 이는 긍정적인 스토리일 것이다.

어떤 스토리인지 대해 확실히 알지는 못하겠지만 자신의 스토리가 청중과 목적에 맞다고 느낀다면, 우리는 계속 이 스토리를 활용하고 굳이 어느 한 부류에 억지로 맞춰 넣지 말라고 말한다.

스토리가 어느 한 쪽의 부류, 즉 부정적이거나 긍정적인 것에 속하는지 확실하지 않은 경우, 다음에 우리가 소개하는 것이 스토리의 효과를 가늠하는 데 도움이 될 것이다.

스토리 효과 매트릭스

앞서 4장에서 얘기했듯이 당신의 스토리는 긍정적일 수도 부정적일 수도 있고, 또 비즈니스에 관련되거나 개인적인 것일 수도 있다. 예를 들면, 당신의 비즈니스 스토리는 당신의 제품을 쓰지 않는 고객과 그로 인해 겪는 어려움(부정적인)에 대한 스토리이거나 혹은 당신 회사의 제품을 사용하는 고객이 가져다주는 여러 이점(긍정적인) 등에 대한 것일 수 있다. 이는 당신의 개인적인 스토리와도 맥락을 같이 하는데, 그 스토리 또한 긍정적일 수도 부정적일 수도 있다는 것이다.

우리는 이 두 성향을 섞어서 4가지의 서로 다른 스토리 타입을 만들었다.

- 부정적인 비즈니스 스토리
- 긍정적인 비즈니스 스토리
- 부정적인 개인의 스토리
- 긍정적인 개인의 스토리

그리고 4가지의 스토리 타입에 따른 효과성을 나타내는 표를 만들었다. 뒤 페이지의 〔그림 5.1〕은 스토리 효과 매트릭스를 나타낸다. 이 매트릭스는 쉽게 최대 효과를 얻어내도록 적절한 스토리를 선택하는 데 도움을 주고, 또한 스토리를 끝낸 후 그에 따른 효과를 파악하거나 다른 사람들이 스토리를 평가하는 데도 역시 유용하다.

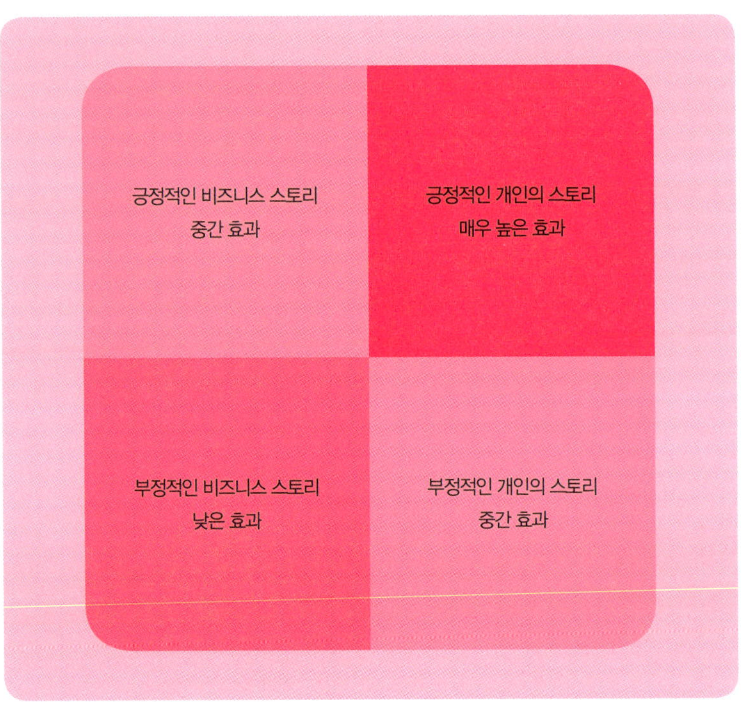

부정적인 비즈니스 스토리

부정적인 스토리는 사람들에게 교훈을 주거나 문제 인식을 심어주는 등의 목적으로 쓰인다. 이 스토리는 낮은 효율성이라는 한계점을 가지고 있다. 부정적인 비즈니스 스토리에 긍정적인 비즈니스 스토리나 개인적인 스토리를 덧붙이도록 하라.

이것은 콜센터에서 근무하는 리더가 그녀의 팀원에게 들려준 부정적인 비즈니스 스토리다.

> ### ♣ 주인의식 부족
>
> 지난 주 나는 휴대전화 회사에 전화를 걸었고, 대기시간은 영원할 것처럼 길었어요. 무척이나 긴 시간을 기다렸기에 나는 몹시 짜증이 나 있었죠. 이는 당신이 가게에 들어갔을 때 직원이 다른 손님을 상대하고 있는 것과는 다릅니다. 그런 상황이라면 적어도 당신 앞에 몇 명의 고객이 기다리고 있는지는 알 수 있죠. 마냥 전화기에 대고 기다리는 상황은 실제보다 더 긴 것 같았고, 아무도 나에게 신경 써주지 않는다는 생각이 들기 시작했어요. 물론 그것이 나에게 문제될 건 없었지만요. 마침내 연결되었을 때 전화 받는 직원은 상냥했지만, 내 문제를 해결하는 데는 3번이나 다른 통화를 해야만 했습니다.
>
> 이 일을 회상하며 이것이 바로 우리 고객들이 느끼고 있는 기분이라는 생각을 했어요. 긴 대기시간과 주인의식 부족이 바로 그것입니다.

이 스토리가 부정적인 이유는 전체 스토리에서 그다지 긍정적인 부분이 없고, 듣는 이로 하여금 상황이 변할 수 있다는 어떠한 희망적인 메시지도 남기지 않았다는 데 있다. 오히려 이 스토리는 사람들 본인이 겪은 휴대전화 회사와의 부정적인 경험들에 악영향의 소용돌이를 일으키려는 듯하다.

긍정적인 비즈니스 스토리

긍정적인 비즈니스 스토리는 부정적인 비즈니스 스토리보다 더 효과적이다. 왜냐하면 이런 스토리들은 좀 더 낫고 더 호의적이고 더 만족스럽기 때문이다. 사례를 보자.

♣ 새 아이폰

새 아이폰을 갖고 난 후 메일을 동기화하는 데 문제가 생겼어요. 인터넷을 통해 해결책을 찾으려 했지만 결국에는 전화를 하는 게 낫다는 결론을 내렸죠. 내가 안내센터에 전화하는 걸 무척 싫어하는 이유는, 첫째 대체로 엄청 오랜 시간을 기다려야 하고, 둘째 대부분의 경우 문제를 해결하지 못하기 때문이죠. 마침내 애플 고객센터에 전화를 걸었고, 놀랍게도 무척 빨리 내 전화가 연결되었어요. 매우 친절한 직원에게 이야기하고 나서 약 10분 정도 지난 후, 그 직원은 내가 하려고 하는 것은 가능하지 않다고 얘기해주었습니다. 전화를 끊고 나서 내 문제를 해결할 수 없다는 생각에 좀 실망했지만, 나 역시 그 이상은 기대하지 않았었죠.
그런데 몇 분 후, 전화기가 울리더니 애플 고객센터의 다른 직원이 연락을 했어요. 그 직원이 말하기를 이전 직원이 내게 전했던 상담내용은 잘못됐고, 실제로 내가 원하는 대로 할 수 있다고 했어요. 고객센터에서 다시 전화를 걸어 나의 문제를 해결해줄 수 있다고 했을 때, 나는 이루 말할 수 없이 기뻤고 내 기대치를 뛰어 넘는 일이었어요.
우리도 고객이 우리를 대할 때마다 이런 기분을 느낄 수 있다면 어떨지 상상해보면 어떨까요?

이 스토리가 긍정적인 이유는, 모든 일이 그리 완벽하게 흘러가지 않았지만 장애물을 극복했고, 마무리는 청중에게 일의 해결이 가능하다는 인상을 남겼다는 데 있다.

부정적인 개인의 스토리

부정적인 개인의 스토리란 사적으로 경험한 부정적인 스토리를 말하는 것이다.

앞서 소개했던 '뉴욕여행 가방 싸기' 스토리는 부정적인 개인의 스토리의 전형적인 보기라고 할 수 있다. 부정적으로 시작해서 부정적이다가 결말에도 희망은 없었다.

긍정적인 개인의 스토리

긍정적인 개인의 스토리가 가장 효과적인 타입의 스토리라고 말할 수 있다. 이는 업무의 연관성과 개인적 경험의 기억이 긍정의 영향력과 합쳐져 있기 때문이다.

참가자 중 한 명으로, 다른 여러 브랜드를 가진 글로벌 지주회사에 근무했던 피오나 미첼Fiona Michel의 사례를 살펴보자. 종종 그녀의 팀은 글로벌 본사와 현지 회사 사이에서 난처함을 겪었다. 이는 긍정적인 개인의 스토리로 그녀가 난처한 기분을 가지는 것도 괜찮다는 메시지를 주는 스토리다.

> ### ♣ 생선 파이
>
> 몇 년 전 나는 두 명의 친구와 함께 겨울 주말여행을 갔습니다. 날씨는 무척 추웠고, 화제는 금세 가장 마음을 달래주는 음식으로 바뀌었죠. 우리 모두는 '생선 파이'라고 입을 모았지만, 내 두 친구는 최고의 생선 파이 조리법으로 격론을 펼쳤어요. 설전은 요리 대결로 옮겨갔고, 나는 손가락 하나 까딱하지 않아도 되는 행운을 누렸지만 어떤 파이가 최고인지 결정해야만 했죠.
>
> 두 친구는 부엌에서 유머와 열정, 그리고 자신만의 비법으로 열심히 목표물을 만들고 있었어요. 첫 번째 맛본 생선 파이는 내가 여태껏 먹어본 전통적인 종류의 생선 파이였죠. 훈제된 생선에 콩을 넣고 걸쭉하고 진한 소스로 맛을 냈어요. 정말 환상적이었죠. 두 번째 파이는 덜 전통적이었지만 식도락을 위한 신선한 생선에 가볍고 크리미한 소스와 파슬리를 곁들였어요. 첫 번째 것과 달라도 똑같이 맛있었죠. 두 생선 파이가 서로 다르지만 둘 다 훌륭했기에 결정하기 힘들었고, 그래서 나는 선택하지 않기로 했어요. 우리 모두는 그냥 같이 앉아 그 두 요리를 함께 즐겼죠.

이 스토리는 완벽한 긍정적인 개인의 스토리 사례로, 감동을 주는 비즈니스 스토리텔링이 반드시 비즈니스에 관련된 것만이 아니라 오히려 개인적인 스토리를 이용해서 그것을 비즈니스적 메시지에 연결시키면 된다는 사실을 보여준다. 오랜 기간의 연구를 거쳐 우리가 자신 있게 조언할 수 있는 것은, 이런 스토리가 가장 효과적인 스토리라는 점이다. 어김없이!

우리는 네 가지의 스토리 유형을 살펴봤다. 항상 긍정적인 스토리만을 사용할 것을 권하는 것은 아니다. 왜냐하면 스토리 유형은 당신이 말하려는 목적과 메시지에 따라 달라져야 하기 때문이다. 그러나 긍정적인 비즈니스 스토리나 부정적인 개인의 스토리가 당신의 예상을 빗나갔다면 긍정적인 개인의 스토리로 승부하라. 또한 이들을 혼합해 사용하는 것도 바람직하다. 같은 목적을 위해 두 가지 스토리를 써보고, 둘 다를 테스트해본 다음 어느 것이 더 성공적인지 보는 것이다.

스토리가 마음속에서 파장을 일으키기 위해서는 반드시 목적과 청중을 염두에 두어야 한다. 스토리텔러로서 [그림 5.1]에 나와 있는 스토리 효과 매트릭스의 유형을 토대로 목적과 청중에 맞는 최고의 스토리 유형을 선택해야 한다.

그러기 위해서는 다음과 같은 사항을 명심하라.

- 부정적인 비즈니스 스토리는 문제 인식을 제기하지만, 행동 변화를 이끌어낼 수는 없다.
- 긍정적인 비즈니스 스토리는 여전히 비즈니스 영역이기 때문에 논리적으로만 사고하고 간혹 청중의 반감을 살 수도 있다.
- 부정적인 개인의 스토리는 개인적인 일이라 신선함을 주지만 비즈니스와 결부된 것이 아니라면 설령 관련 있다 하더라도 부정적인 측면 때문에 그리 영향력을 발휘하지 못한다.
- 긍정적인 개인의 스토리는 개인의 스토리라는 신선함을 주면서 사람들과 연관되어 있고 긍정적이어서 영감을 주고 자극이 된다.

스토리텔링의 마법은 스토리를 최대한 실제처럼 만드는 데 있다. 다양한 레벨에서의 현실성에 대해 얘기하며 스토리 매칭의 개념에 대해 살펴보자.

스토리 매칭

매칭은 스토리텔링의 민감한 부분이다. 매칭은 아래와 같은 요소를 일컫는다.

- 언어
- 등장인물의 나이
- 시대와 등장인물

각각의 요소들을 살펴보자.

언어

스토리를 이야기할 때 스토리의 주인공이 말하는 언어가 그들이 누구인지와 들어맞아야 된다. 고객서비스에 대한 스토리를 예로 든다면, 고객서비스 부문에서 일하는 직원이 "우리는 모든 고객에게 이런 서비스를 제공합니다. 이것이 우리의 판매 전략이죠."라고 말하지 않는다. 실제로 직원이 그렇게 말한다고 하더라도 마치 대본을 읽는 것처럼 들릴 것이다.

스토리에 사용되는 언어는 등장인물들이 현실에서 쓰고 있는 언어로 이루어져야 한다. 예를 들어, 고객서비스센터 직원은 "우리가 모든 고객에게 이런 서비스를 제공함으로써 고객은 특별하다고 느끼게 하기 위해서죠."라고 말할 것이다. 이런 간단한 언어의 매칭이 스토리를 믿을 수 있고 진정성 있게 해준다.

등장인물의 나이

2011년 호주 총리 줄이아 길라드가 미 의회에서 연설했을 때, 그녀는 자기 세대에게 미합중국은 달에 처음 착륙한 확고한 이미지의 나라였다고 얘기했다. 그녀는 학교에서 아이들이 그 위대한 순간을 텔레

비전으로 보게 하려고 일찍 집으로 보냈다고 회상했다. 그때 그녀는 다섯 살쯤이었고, "나는 항상 그날을 생각하면서 기억할 거야. 미국은 뭐든지 할 수 있어."라고 그 또래의 아이들이 하는 말을 사용했다.

많은 경우, 사람들의 스토리는 어린 시절에 대한 것이다. 그래서 당신이 열 살 때의 스토리를 이야기한다면, 등장인물의 나이를 가늠할 수 있도록 열 살 정도가 쓸 수 있는 언어를 쓰는 것이 좋다.

시대와 등장인물

당신의 등장인물이 1960~1970년대의 인물이라면, 그 시대의 언어나 대중문화 등에 맞게 해야 한다. 물론 진부하지 않게! 예컨대 "여보게 참신하구먼!", "자기 멋쟁이!", "피스peace" 또는 "사랑과 평화", "플라워 파워flower power"(옮긴이주 : 반전을 부르짖던 1960~1970년대 청년 히피 문화) 등의 문구가 어울린다. 디스코, 무드 반지(옮긴이주 : 끼고 있는 사람의 마음에 따라 색깔이 변하는 반지), 라바 램프(옮긴이주 : 색깔 있는 액체가 들어 있는 장식용 전기램프), 홀치기염색 등등. 1960년대 사람이 "만약에 말이야~", "뭐든지!" 또는 "오 마이 갓!" 같은 말을 쓸 리 없다.

특정 시대의 스토리라면 등장인물 역시 그 시기에 들어맞아야 한다. 당신이 처음 인터뷰를 했던 시기가 1980년대라면, 등장인물은 "인터뷰 진행자와 어깨 뽕이 든 옷을 입고 굉장한 머리스타일을 했던 기억이 나는 군요."라고 얘기할 수 있다. 이로써 전체적인 스토리가 어우러져서 청중에게 알맞은 장면을 연출해준다.

한 참가자가 큰 병치레를 겪은 자신의 스토리를 들려주며, 사람들이 사소한 일을 중요하게 생각해야 한다는(목적) 것에 대해 이야기를 했다. 하지만 스토리의 수준과 비즈니스 목적 사이에 연관 관계가 부족했다. 스토리를 듣고 있던 사람들은 대부분 '그와 같은 일을 겪은 사람이라면, 오히려 이런 사소한 일은 크게 신경 쓰지 말아야 하지 않을까?'라고 생각하고 있었다.

다른 회의에서 한 리더는, 가까운 사람을 잃은 스토리를 이야기하고 있었다. 얘기를 듣던 사람들은 인생에서 무엇이 중요한가 – 가족과 사람 – 라는 통찰이 주는 메시지를 귀담아 듣고 있었다. 이 스토리가 효과가 있었던 이유는, 발표자가 의미심장한 주제를 꺼내서 이것을 의미심장한 메시지에 잘 연결했기 때문이다.

대부분의 사람들은 자신의 스토리 수준을 직관적으로 그것의 목적에 맞게 맞춘다. 그러나 만약 당신의 스토리가 크나 큰 인생의 위기, 말하자면 큰 병치레 같은 스토리라면 이것이 스토리의 목적과 잘 부합되는지 체크하는 것 역시 중요하다.

▶ 핵심정리 ◀

◎ 잘 이해했나?
→ 스토리의 장애물은 사람들이 당신의 스토리를 공감하는 데 지장을 준다. 내재된 장애물들은 잘못된 디테일, 무리한 사실, 민감한 주제, 특정 문화의 추종 등이다.

→ 목적에 맞게 잘 쓰인다면 스토리에서 유머가 차지하는 역할은 크다. 유머는 어색한 분위기를 깨는 데 사용되기도 하고, 또 진지한 분위기를 좀 밝게 만들기도 하며, 스토리텔러인 당신을 겸손하게 만들기도 한다. 특히나 조커 유형은 유머로 제멋대로 말하고, 이를 목적 없이 이용하는 것을 주의해야 한다.

→ 스토리는 부정적이거나 긍정적 또는 둘 다가 조금씩 혼합될 수 있다.

→ 부정적이거나 긍정적인 것과 더불어 스토리는 개인적인 것이거나 비즈니스에 관련된 것일 수 있다. 이들 중 긍정적인 개인의 스토리가 가장 영향력이 크다.

→ 스토리텔링에서는 어울림, 즉 매칭이 매우 중요하다. 스토리에 등장하는 주요 인물과 시대적 배경들이 그 언어와 들어맞아야 한다. 또한 스토리의 수준이 그 목적에도 잘 부합되어야 한다.

◎ 얼마만큼 이해했나?

→ 4장에서 일러준 기술들을 이용해서 스토리를 빚어내고, 그 안에 숨어 있는 장애물이 있는지 확인하라.

→ 리더로서 스토리를 이미 사용하고 있다면, 그것들을 스토리 효과 매트릭스에 빗대어 다시 훑어보고, 원하는 결과가 아니라면 그것 대신에 긍정적인 개인의 스토리를 어떻게 활용할 것인가를 숙고해보라.

이 장에서는 스토리가 최대한의 효과를 가지기 위한 가능한 모든 수단을 알아보았다. 다음 장에서는 타고난 스토리텔러처럼 보이기 위해 당신이 할 일을 살펴볼 것이다.

Chapter 6

스토리텔링 연습과 전달

"내 최고의 애드립 스토리들은
거울 앞에서 몇 시간 동안이고 연습되어 나온 것이다."

– 존 스튜어트 John Stewart,
리걸 앤 제너럴 회장

스토리를 만드는 힘든 전체 과정을 거쳤다면, 이제 스토리를 연습하는 훈련에 들어가야 한다. 알고 있다! 푸념하는 소리가 들린다. 하지만 연습은 스토리텔링의 비밀 병기다. 연습하고 또 연습하고, 더 연습하라! 타고난 스토리텔러만큼 사람들을 매료시키는 이도 없다. 오직 연습만이 그들을 그런 자리에 오르게 한 것이다.

연습을 통해서 스토리가 효과적으로 전달되지만, 아쉽게도 지름길은 없다. 또 아직까지는 당신을 대체하거나 예전 방식의 연습 방법을 대체할 만한 어떠한 애플리케이션도 개발되지 않고 있다.

이 장에서는 스토리를 연습하고 전달할 가장 최상의 방법을 살펴볼 것이다. 이 방법이 당신이 스토리를 발표하는 자리건 부서 회의에서건 막힘 없이 이어줄 것이고, 복도에서의 대화나 일대일 지도수업 등 사실상 실질적인 모든 비즈니스 정황에서 발생하는 메시지를 효과적으로 전달할 수 있도록 도와줄 것이다.

스토리 연습하기

비즈니스에서 스토리를 이야기할 때 그저 '즉석에서 지어낼' 수는 없다. 연습을 통해서 그것을 적절한 순간에 끄집어내야 한다. 마치 마술사가 결정적인 순간에 모자에서 토끼를 끄집어내듯이 스토리를 만들고 연습해서 기회가 올 때 청중 앞에서 이야기할 준비가 돼있어야 한다.

시간에 쫓기고 신속한 결과를 원하는 당신을 위해 우리는 빠르고 쉬운 훈련 기술을 선보일 것이다. 캐나다 하키선수인 에릭 린드로스 Eric Lindros는 "훈련을 위해 엄청난 양의 시간을 쏟아 부을 필요는 없다. 중요한 것은 훈련을 어떻게 하느냐다."라고 말했다. 이제부터 우리는 놀랄만한 결과를 경험할 수 있는 훈련 테크닉을 보여주겠다.

연습, 연습 또 연습!

훈련은 언제나 스토리를 적어보는 것으로 시작한다. 앞서 언급했지만 이는 아무리 강조해도 지나치지 않다. 스토리를 적어보았다면 습득해야 할 두 가지 단계의 훈련이 있다.

첫 번째 단계는, 당신이 혼자 스토리를 연습하는 것이다. 연습하는 장소는 당신이 스토리를 혼자 이야기할 수 있는 곳으로 정하고, 크게 소리 내어 말해보고 들어보라. 이런 장소는 샤워할 때나 개를 산책시키는 동안 또는 운전 중 차 안일 수도 있다. 실제 상황인 양 스토리를 큰 소리로 이야기해보는 것은 매우 중요하다. 그냥 머릿속으로만 연습하는 것은 실제와 다를 수 있고, 예상했던 결과가 아닐 수도 있다.

이런 상황이 당신을 몹시 위축시킨다는 것을 알고 있다. 하지만 사적인 공간인 차 안이나 샤워 부스는 민망함 없이 편안하게 큰소리로 연습할 수 있도록 해준다. 큰 소리로 연습한 스토리를 녹음해서 들어보라. 거울 앞에서 연습하는 건 타인을 위한 것은 아니지만 그들을 의식하는 데는 도움이 된다.

아무리 준비가 잘 돼있어도 처음에는 말이 바로 나오기 어렵다. 두 번째도 그럴 수 있다. 그래서 연습해야 한다. 혼자 연습하고 자신의 스토리를 들어보는 것이 도움이 될 것이다. 제대로 된 것 같은 기분이 들고 스토리가 자연스럽게 흘러간다고 느끼면 그에 맞게 변화를 추구할 수도 있다. 종종 말하려는 단어가 입에 잘 익지 않을 때는 스토리를 수정할 수 있는 기회라고 보면 된다.

몇 번이고 혼자서 연습해봤다면 다음 단계는 누군가 앞에서 연습해보는 것이다. 이들은 배우자, 자녀들이 될 수 있고, 이왕이면 믿음직한 직장동료가 가장 좋다. 단지 한 사람 앞에서 연습한다 해도 정적이던 스토리에 생동감이 생긴다. 스토리에 또 다른 인물이 결부되면 자동적으로 말의 속도가 바뀌고 그들의 비언어적 보디랭귀지에 주목하게 된다.

당신의 연습과정을 지켜보던 사람도 당신에게 정직하고 발전 가능한 피드백을 줄 수 있다. 실제처럼 하는 연습은 스토리가 얼마나 긴가를 알려주는 좋은 척도가 돼주고, 말하는 속도를 정하는 데 도움을 준다. 모든 것이 활기를 띠고, 당신이 실제 상황에서 실제 청중에게 스토리를 들려줄 때 더욱 자신감을 선사할 것이다.

> ♣ "연습이란 본인이 잘하고 있을 때 하는 것이 아니다. 당신이 더 잘 되기 위해서 하는 것이다."
>
> – 말콤 글래드웰Malcolm Gladwell, 《아웃라이어Outliers》 저자

기억하라! 연습이 스토리를 완벽하게 만든다. 연습을 하면 할수록 당신의 스토리 또한 좀더 효과적이게 된다. 따라서 스토리를 연습하면 스토리가 너무 완벽하게 들릴지 모른다는 염려는 접어두시라. 당신이나 당신의 스토리는 이야기될 때마다 약간씩 변형되므로 기계적으로 외워서 하는 것처럼 들리지 않을 것이다. 바로 이것이다. 타고난 스토리텔러가 되기 위해서 – 적어도 타고난 것처럼 보이거나 들리기 위해서는 – 당신은 준비하고 연습해야 한다. 준비나 연습이라는 말이 그리 매력적으로 들리지는 않을 것이다. 그러나 스토리텔링도 다른 여타 기술과 마찬가지로 배우고 습득될 수 있고 나아질 수 있다.

♣ **스토리텔링 연습을 위한 체크리스트**

스토리텔링 연습에 도움이 되는 팁을 보면 다음과 같다.

- ☐ 스토리 적어보기
- ☐ 혼자서 큰 소리로 차 안이나 샤워장 또는 거울 앞에서 연습하기
- ☐ 사람들 앞에서 연습하기
- ☐ 꾸준히 연습하기

골프선수였던 개리 플레이어Gary Player가 한 유명한 말이 있다.

"연습할수록 운이 좋아진다."

아직도 연습의 효력을 확신하지 못하고 있다면, 자신의 로터리클럽에서 발표를 부탁받은 조디 클락Jody Clark이라는 여성을 소개하고자 한다.

그녀에게는 20분의 시간이 주어졌고, 강단에 서자 펼쳐진 전경에 완전히 압도되었다. 그녀는 자신에게 일어났던 인생에서 중요했던 일과 그 일로 그녀가 깨달은 가치들을 보여주는 스토리를 나누고 싶었다.

조디는 공공 회의장 같은 곳에서 연설해본 경험이 한 번도 없었고, 너무나 긴장되어서 연습하고, 연습하고, 또 연습했다. 그녀는 소리 내어 연습해보기도 하고, 가족 앞에서도 연습해보고, 자신의 아이패드에 녹음해보기도 했다.

발표를 끝낸 조디는 우리에게 이렇게 말했다. "정말 대단해요. 마치 마법 같았어요. 내가 1990년 축구 최종결선 경기가 끝나고 3일 동안 집에 들어오지 않은 아버지 얘기를 꺼내자 사람들이 모두 다 나를 보고 있었고, 그들이 정말로 내 스토리에 몰입해 있다는 걸 느낄 수 있었어요. 이 일이 이렇게 쉬웠다는 걸 믿을 수 없네요. 정말 다시 한 번 더 해보고 싶어요. 물론 여태껏 했던 모든 준비와 연습 때문에 수월했다는 걸 알아요. 그래도 하루종일 기분 최고인 걸 보면 해볼 만한 일이었어요."

이 스토리는 그녀가 들려준 이야기다.

조디는 스토리를 이야기했던 일이 그녀의 인생에 '하이라이드 중의 하나'라고 말했다.

스토리 전달하기

스토리 전달이 관건이다. 이는 결정의 순간에 영감을 주고, 변화를 끌어낼 수 있는 기회가 된다. 그러나 완벽한 전달의 비법을 파고들기 전에 알아야 할 것은, 지극히 정상적인 느낌을 말해주는 단어, 바로 '불안'이다.

불안감 대처하기

스토리를 이야기하기 직전에는 극도의 불안을 느끼기도 하는데, 이는 팀 회의나 큰 규모의 토론회, 영업 회의, 수백만 달러 제안을 발표해야 하는 자리, 심지어 복도에서 하는 일대일 대화에서도 불안감은 생길 수 있다.

우리가 말하고 싶은 바는 불안한 기분은 충분히 정상적이라는 것이다. 우리를 믿어라! 우리 역시 걱정스러운 감정을 느껴봤고, 거의 모든 의뢰인이 우리에게 걱정된다고 토로했다. 걱정은 대개 당신이 스토리에 너무 많은 공을 들였기 때문에 발생한다. 당신은 준비해왔고, 연습도 열심히 했고, 무엇보다 일이 잘 성사되기를 바란다. 하지만 마음속으로 '청중이 내 말을 이해하지 못하면 어떡하지?' 하고 생각한다. 이런 온갖 생각들로 걱정이 스며드는 것은 당연하다.

오히려 적당한 걱정은 유익하다. 왜냐하면 이는 당신이 자신의 스토리가 정말 성공적이기를 바란다는 의미이기 때문이다. 근심이 극도의 두려움으로 변하지만 않는다면, 당신은 무사히 잘 마칠 수 있을 것이다.

여태껏 일하면서 단 한 명의 고객만이 너무 걱정이 되어 자신의 스토리를 말할 수 없을 것 같다고 얘기했다. 역설적이게도 그 고객의 스토리는 '용감하게 난관에 맞서기'에 관한 내용으로 시도해보라는 메시지가 목적이었다. 그녀는 그 기회를 놓친 것을 몹시 후회했고, 다시는 그러지 않겠다고 다짐했다.

전달 기법

연습했고 불안의 문제에 대처해왔다면, 이제는 스토리를 전달할 차례다. 다음은 가장 효과적인 방법들로 스토리를 전달하는 몇 가지 유용한 팁을 살펴볼 것이다.

- 스토리를 읽지 마라

  절대로 스토리를 읽지 마라. 우리가 스토리를 기록하는 방식으로 적어보라고 권했던 것을 기억할 것이다. 이것은 발표할 때 읽듯이 하라는 의미가 아니다. 청중에게는 읽어주는 스토리를 듣는 것이 불편할 수 있다. 스토리는 자신의 것임으로 기억할 수 있는 쉬운 방법을 찾아내 연습한다면 스토리 전달은 자연스러울 것이다. 그러므로 절대로 스토리를 읽지 마시라. 설령 약간의 실수가 있더라도 그것을 알 수 있는 사람은 오직 당신뿐이다.

- 자신의 스토리를 믿어라

  누구보다도 먼저 자신의 스토리가 주는 힘을 믿어야 한다. 과정을 신뢰하고 효과가 있을 것이라고 생각하라.

• 평소의 목소리로 이야기하라

스토리를 이야기할 때 '스토리용 목소리'를 쓰려고 하지 마라. 꽤 많은 지적이고 세련된 사람들이 '스토리용 목소리'를 쓴다는 걸 알면 무척 놀랄 것이다. 마치 노래하듯이 간드러지게 하는 목소리 말이다. 아마도 아이들한테 자기 전에 동화책을 읽어주던 후유증일 것이다. 사람들과 대화하듯이 말하라. 평소 말하는 목소리로 이야기하라.

• 한 사람에게 말하듯이 이야기하라

스토리를 이야기할 때는 마치 오직 한 사람에게 말하듯이 하라. 청중이 10명이고, 100명이고 상관없이 한 사람에게 말하듯이 하는 것이 청중을 한 개개인으로 보고 교감을 시도한다는 의미다. 단순하지만 막강한 기술이 된다.

• 속도를 조절하라

스토리 말하기가 생소한 사람들은 그들의 스토리를 급하게 이야기하는 경향이 있다. 이는 그들이 아직도 스토리의 힘을 온전히 이해하지 못하고 있고, 성급하게 끝내려고 하는 이유다. 스토리를 연습하는 동안 잘 훈련했다면 1~2분가량으로 스토리의 분량을 조정해서 서두르지 않아도 된다. 속도를 조절하라. 그러면 스토리가 더욱 효과적일 것이다. 이것으로 모두에게 더욱 기억되고 즐거운 경험이 되게 해줄 것이다.

스토리의 속도를 조절하는 것은 연습을 필요로 한다. 몇몇의 스토

리는 처음은 느리게 시작하지만 갈수록 빨라진다. 또 일부는 처음
부터 빠르게 진행한다. 당신은 이것을 가늠해보고 어떤 것이 당신
의 목적, 청중 그리고 자신에게 잘 맞는지를 살펴봐야 한다.

• 중간 중간 한숨 돌려라

비즈니스를 하는 대부분의 사람들은 정적을 불편해 해서 급하게
정적을 깨려 한다. 그러나 스토리의 중간이나 뒤에 있는 정적은 강
력한 수단이 된다. 앞서 우리는 스토리 엔딩의 일부분으로 일시정
지를 이야기한 바 있다. 스토리 중간의 일시정지는 타이밍이 적절
하다면 효과적으로 쓰일 수 있다. 일시정지는 2~3초 정도나 더 길
게 하여 길이의 변화를 줄 수도 있다. 정지한 시간이 영원할 것처
럼 느껴지지만, 그렇지 않고 서스펜스를 주기도 하고 요점이 드러
나게도 만든다.

• 효과적으로 반복하라

스토리에서 문장을 반복해보는 것이 청중에게 메시지를 전달하는
데 매우 효과적인 방법일 수 있다. 존 스튜어트는 스토리텔링이 그
의 타고난 재능이냐는 질문에, 6장 도입부에서도 인용한 바 있듯
이, "내 최고의 애드립 스토리는 거울 앞에서 몇 시간씩 연습하여
나온 것이다."라고 말했다. 이는 메시지를 강화하고 마음속에 각인
되게 해준다. 그러나 반복은 적절하게 사용해야 좋은 수단이 될 수
있다.

• 눈맞춤 하라

스토리를 이야기할 때 시선을 마주치라는 의미는, '청중에게 눈을 부릅뜬다'라든지 '눈싸움을 하라'와 같은 방식을 의미하는 것이 아니라 '당신과 교감한다'라는 인간적인 방법을 말한다.

대규모의 청중과 당신의 스토리를 나눈다면 공간의 여러 부분과 시선이 교차하도록 노력하라. 100명의 청중이 있다면 각각의 사람들 모두 다와 눈맞춤을 하지는 못하겠지만, 공간의 다른 여러 부분에 눈길을 주도록 해야 한다.

당신에게 미소 짓고 있다고 해서, 아니면 이미 당신과 통하고 있는 사람만을 응시해서도 안 된다. 이미 그들과 교감했으니, 다른 이들과도 교감하라.

• 스토리 얘기해주는 것을 즐겨라

우리는 한 CEO가 그의 스토리를 말하면서 허우적대는 모습을 본 적이 있다. 나중에 그가 그랬던 이유는, CEO의 미디어 담당 고문이 스토리를 이야기하지 말라고 제지했기 때문이었음이 밝혀졌다. 그가 허우적대는 모습을 지켜보는 것은 마음이 아팠고, 청중 모두에게 치과 치료를 받는 것처럼 유쾌하지 못했다. 우리가 말해줄 수 있는 가장 유용한 팁은, 스토리를 이야기할 때 즐기라는 것이다. 당신의 온정, 열정 그리고 에너지가 한 데 모여 스토리 이야기하는 것을 즐기게 되면 계속해서 스토리를 나눌 수 있게 된다.

▶ **핵심정리** ◀

◉ 잘 이해했나?

→ 스토리를 이야기하기 전에 불안한 것은 정상이다. 그런 심리 상태를 이해하고 그렇게 되리라는 것을 인지하고 밀고 나가라.

→ 스토리를 읽지 마라. 이는 즉각적으로 청중과의 연결감을 떨어뜨린다. 필기해 놓은 것에 의존하지 말고 자신의 스토리를 잘 준비하고 연습하면 된다.

→ 자신의 스토리를 믿으라. 열심히 준비해왔으므로 그 과정과 스토리의 힘을 신뢰하라.

→ 스토리를 이야기할 때 자신의 평소 목소리로 하고 마치 한 사람에게 이야기하듯이 말하라.

→ 속도를 조절하라. 스토리를 급하게 풀어가지 말고, 적당한 때에 잠시 멈추는 걸 기억하고 효과를 높이기 위해 핵심 문장을 반복하라.

→ 스토리를 말할 때 청중과 눈맞춤을 하라.

→ 스토리 들려주기를 즐겨라. 듣는 사람도 알 수 있다!

◉ 얼마만큼 이해했나?

아래의 어느 항목을 당신의 다음 스토리텔링에 바로 적용할 수 있겠는가?

→ 절대로 스토리를 읽지 마라.

→ 자신의 스토리를 믿으라.

→ 본인의 목소리로 이야기하라.

→ 마치 한 사람에게 이야기하는 것처럼 말하라.

→ 속도를 조절하라.

→ 몇 번 일시정지하라.

→ 적절하게 문장을 반복하라.

→ 눈맞춤을 하라.

→ 스토리 이야기하는 것을 즐겨라.

이 장에서 우리는 스토리 연습의 중요성을 알아보고, 쉬우면서 즉각적으로 효력이 있는 연습 팁을 알아보았다. 또한 진짜 효과적이고, 리더십을 강화하며, 사람들을 행동하게 만드는 당신의 능력을 드라마틱하게 높여주는 방식으로 스토리를 말하는 데 도움이 되는 전달 기술을 살펴보았다.

다음 장에서는 당신의 스토리텔링 능력을 한 층 더 업그레이드시킬 수 있는 다양한 비법들을 알아볼 것이다.

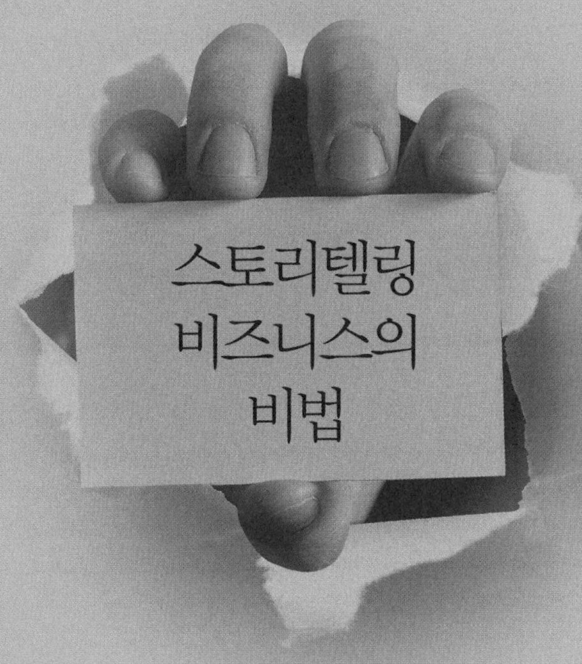

CHAPTER 7

스토리텔링 비즈니스의 비법

"성공하기 위해서는 성공하고자 하는 욕망이
실패의 두려움보다 커야 한다."

– 빌 코스비Bill Cosby, 미국 코미디언이자 배우

제이미 올리버Jamie Oliver의 요리 책《제이미의 15분 요리Jamie's 15Minutes Meals》는 당신이 예측하듯 수많은 요리법을 보여줄 뿐만 아니라 굉장히 유용한 기술과 팁을 담고 있다. 훌륭한 팁 중 하나는 샐러드를 서빙 접시에 층층이 담고, 드레싱을 가장 위에서 솔솔 뿌리는 것이다. 샐러드를 한 보울에 담아서 드레싱과 섞지 마라. 덜어 먹도록 샐러드 보울을 옆에 두면 된다. 이는 시간이 다소 많이 걸리지만 샐러드 보울보다 접시가 훨씬 보기에는 좋다.

스토리텔링도 이와 유사하다. 아무도 말해주지 않은, 당신의 스토리텔링 완전정복을 위한 새로운 단계로 데려갈 비법들이 있다. 그것을 이 장에서 풀어낼 것이다.

성공 여부 평가하기

지금쯤 당신은 적어도 스토리 하나쯤은 준비하고 연습해서 분명히 이야기했을 것이다. 축하한다!

당신은 스토리를 이야기하자마자 첫 번째로 '효과가 있었나?'를 알고 싶어 할 것이다. 우리는 즉각적인 피드백에 목말라 있다. 때때로 어떤 이는 당신에게 바로 말해줄 것이다. 아니면 운이 좋으면, 나중에 알게 될 수도 있다.

우리의 비즈니스적 사고방식으로는, 우리가 스토리가 얼마나 효과적이었는지 평가하고 밝혀낼 수 있는 능력을 갖기를 원한다. 그렇다면 어떻게 할 것인가? 청중으로부터 피드백을 구할 것인가? 일시정지 시간이 길고 불편했는지 여부에 따라 판단할 것인가? 발표 말미에 청중이 질문을 하려고 줄을 서서 기다리고 있었나?

우리는 고객들이, 예컨대 앞에 나온 마이클의 '방울양배추 스토리'와 같은 극적인 결과를 얻고자 한다는 것을 봐왔다. 하지만 당신의 스토리텔링이 끝난 후, 그것이 얼마나 효과적이었는지 가늠하고 판단하기는 쉽지 않다. 그럼에도 불구하고 효과성을 판단하는 몇 가지 방법은 있다.

간혹 인생은 완벽하고, 당신의 스토리텔링이 끝나면 "와우!"하고 그 즉시 말하기도 한다. 실제로 워크숍 중에 한 리더가 스토리텔링을 마쳤을 때, 다른 리더가 "와우!"라고 하더니 지갑에서 50달러 지폐를 꺼내어 건네고는 "당신의 스토리를 써도 될까요?" 하고 물었다. 그러나 당신이 스토리를 말한 후에 즉석에서 감탄을 기대하기란 어렵다.

이런 종류의 즉각적인 피드백은 통상적이라기보다 이례적인 것에 가깝다.

당신이 누군가와 이야기를 할 때는 그 주제가 별로 대수롭지 않았다고 생각할 수도 있다. 그러나 나중에 몇 년이나 심지어는 몇십 년 후에 그들이 이렇게 얘기하는 걸 들을 수 있을지 모른다. "나는 아직도 당신이 들려준 당신 아버지 이야기를 기억합니다. 그 스토리가 내 인생에 큰 영향을 미쳤죠."라고. 이런 일이 생긴다면 얼마나 기쁠까?

훌륭한 스토리는 긴 여운을 남긴다. 몇몇 고객은 자신의 스토리가 별 효과 없었다고 생각하고 있다가 6개월이 지나고 누군가로부터 우연히 이런 얘기를 듣기도 한다. "당신이 말해준 무서웠던 비행기 경험 스토리를 아직 기억합니다." 아니면 뜬금없이 "존, 지난 해 포럼에서 들려줬던 이노베이션 스토리를 이야기해주는 게 좋겠네."라고 재요청을 받을 수도 있다. 의기소침했던 존은 자신의 스토리가 누군가의 마음에 울림이 있었는지 항상 궁금해 하고 있었는데 말이다.

여기에 당신이 스토리를 이야기 하는 동안이나 후에 주의 깊게 살펴보아야 할 몇 가지 지표가 있다.

청중의 참여도

스토리를 이야기하는 동안 방을 살펴보라. 청중의 참여 정도가 얼마인지 알 수 있을 것이다.

고객이었던 알렉스Alex는 프레젠테이션 중, 스토리를 시작했을 때의 경험을 들려줬다. "믿을 수 없었어요. 내가 스토리를 시작하려 하자 그곳에 있던 모든 사람들이 저를 쳐다보고 있었는데, 그들은 정말 관심이 있어 보였거든요. 무척 떨릴 거라고 생각했는데 굉장히 기분 좋았어요.”

또 다른 방법은 믿을 만한 사람에게 청중의 참여도를 관찰해달라고 부탁하는 것이다. 그들에게 당신이 몇 가지 스토리를 이야기할 것이라고 알려주고, 방을 둘러보면서 스토리가 효과가 있는지 청중의 반응을 평가해달라고 요청하는 것이다. 그는 청중들이 당신의 프레젠테이션에 관해 이야기하는 동안 청중들 사이를 돌아다닌 후 몇몇 피드백을 채집해줄 것이다.

침묵은 금

스토리가 끝나고 정적이 흐르면 확인하라. 방 안에도 역시 잠시 정적이 흐르는가? 스토리 후의 고요는 매우 중요한데, 대개는 스토리가 성공적인지를 아는 적절한 지표가 된다. 이 고요가 사람들이 당신의 스토리에 매료되어 우러나오는 것인지, 아니면 단순히 졸음 때문에 혹은 자리를 떠나서 나타나는 정적인지 확인하라.

누군가 당신의 스토리를 이야기하고 있다

스토리를 사람들에게 들려주고 난 뒤에, 다른 이들에 의해 반복되는 것을 들어본 적 있는가? 그럴 수도 있고 바로 나타나지 않을 수도 있지만, 그런 경우라면 당신의 스토리가 효과적이었다는 증거다.

책의 앞머리에서 말했지만 당신이 스토리를 사용하면서 바라는 바는 사람들을 이해시키고, 기억하게 하고, 스토리 본연의 의미를 잃지 않으면서 다시 회자되는 것이다. 그러므로 다른 사람이 당신의 스토리를 재생한다거나 다른 이로부터 당신의 스토리가 언급되었다는 얘기를 듣는다면 스토리가 통했다는 의미가 된다. 물론 사람들은 당신 모르게 당신의 스토리를 쓰기도 한다.

소셜미디어 게시물이 모두에게 말하고 다닌다

스토리를 웹사이트에 공유하고 있다면 소셜미디어 사용을 추천하는데, 트위터나 페이스북 게시물에 사람들이 스토리에 대해 어떻게 얘기하는지 확인해보라. 고객이었던 리사 보스턴은 테드엑스TEDx 멜버른 행사에서 스토리를 공유했다. 그녀의 스토리텔링이 끝난 후, 한 트위터 사용자는 "리사 보스턴의 스토리 하나만으로도 이 행사의 티켓비를 지불할 만하다."라고 평했다.

완벽함을 위한 성찰

당신이 아무리 스토리텔링에 능수능란해도 발전의 여지는 늘 있다. 더 나아지고 다음 단계로 발전하기 위해서는 어떻게 해야 할까? 많은 방법들이 있지만 가장 기본이 되는 전제는 바로 성찰이다.

> ♣ "챔피언은 확신이 들 때까지 계속 연습한다."
>
> – 빌리 진 킹 Billie Jean King, 테니스 챔피언

스토리를 이야기하고 나면 그것이 어떻게 흘러갔는지 곰곰이 생

각해보라. 효과가 있었나? 기분은 어땠나? 어떻게 하면 더 잘 할 수 있나?

성찰은 혼자 할 수도 있지만, 성찰 과정의 한 부분으로서 당신의 스토리를 들은 사람들에게 피드백을 구할 수도 있다. 실행 방식에 대해 어떻게 접근할 것이며, 얼마나 꼼꼼한가는 그리 중요하지 않다. 핵심은 성찰하는 것이고, 이는 스토리 직후에 하는 것이 가장 좋다.

스토리를 끝내고 성찰의 시간 사이 간극이 짧을수록 성찰이 좀 더 정확해질 수 있다. 인간이기 때문에 심지어 24시간 이내에도 디테일이 흐려지고 기억이 가물거릴 수 있다. 많은 시간을 흘려 보낼수록 기억을 더듬어 성찰하기가 더욱 어렵게 된다. 다른 급한 일들로 시간과 에너지를 뺏길 수도 있다. 그래서 성찰의 성공과 스토리텔링의 탁월함을 좌우하는 핵심은 스토리를 끝낸 직후, 아니면 스토리를 이야기한 시기와 최대한 근접해서 상기해보는 것이다.

스토리텔링에서나 인생에 있어서나 둘 다를 아우르는 효과적인 성찰을 위한 두 가지 접근 방법이 있다. 당신에게 자신만의 성찰 접근법이 있다면 그것을 활용하라. 효과적이라면 계속해서 그렇게 하면 된다. 이제 당신이 성찰 훈련을 스토리텔링에 어떻게 적용할지를 생각해보자.

우리가 생각해낸 유용한 성찰 접근법은 두 가지가 있다.

- 교통 신호 접근법
- 스토리 효과 매트릭스

이 두 가지 접근법을 살펴보자.

교통 신호 접근법

교통 신호 접근법은 성찰할 수 있는 빠른 방법이다. 이는 도로 교통 신호에 비유되고는 한다.

빨간불은 스토리텔링 시 하지 말아야 할 것을 가리킨다. 간단하게는 단어 사이에 '음~', '어~' 같은 말을 하지 말라는 것이다. 주황불은 바꿔야 할 것을 염두에 두라는 의미이다. 예를 들면 스토리의 엔딩이나 스토리의 특정 문장 등이 될 수 있다. 마지막으로 초록불은 계속해서 해나가야 할 행동을 말한다. 촌철살인 같은 서두로 시작하는 것 등이 될 수 있다.

교통 신호 접근법을 근거로 한 변화들을 성찰해보고 구체화한다면, 다음 기회에 스토리텔링을 할 때 그 전에 했던 스토리텔링보다 더 나아지는 것을 알 수 있을 것이다. 이것이 지속적인 발전의 과정이다. 당연히 더 자주 스토리를 이야기하고 이 방법이 효과가 있다는 것을 느낄수록 성찰해야 할 기회는 줄어들 것이다. 그렇지만 당신이 새로운 스토리를 이야기한다면 이 방법을 다시 활용할 것을 권한다.

스토리 효과 매트릭스

또 하나의 수단으로 성찰에 도움이 되는 좀 더 정교한 방법은, 앞서 5장에서 소개한 스토리 효과 매트릭스를 이용하는 것이다. 스토리를 성찰하면서 스토리를 완전히 바꿔야 겠다는 확신이 들고 스토리를 좀 더 나은 방향으로 바꾸기를 원한다면, 이 매트릭스가 도움이 된다. 예컨대 이번에 긍정적인 비즈니스 스토리를 이야기했다면, 다음 번엔 긍정적인 개인의 스토리를 써보는 것은 어떨까?

성찰과 평가는 모두 발전을 위한 것인데, 스토리의 효과를 높일 수 있는 스토리 효과 매트릭스를 사용하는 것 외에 스토리를 발전시킬 수 있는 더 나은 방법으로는 또 어떤 것이 있을까?

스토리텔링의 6R

스토리가 얼마나 효과적이었는가에 대한 아이디어가 생기면, 당신은 좀 더 나은 상황에서 스토리에 변화가 필요한지 여부를 결정할 수 있다. 그대로 유지할 것인가, 아니면 발전시킬 것인가? 그도 아니면 그만둘 것인가?

스토리텔링의 6R을 이해함으로써 당신이 스토리를 만드는 데 쏟아 부었던 시간과 노력의 보상을 극대화할 수 있다. 그것들은 다음과 같다.

- 스토리 재사용(Reuse)

- 스토리 퇴장(Retire)

- 스토리 재활용(Recycle)

- 스토리 배제(Reject)

- 스토리 보충(Replenish)

- 스토리 유지(Retain)

스토리 재사용

스토리는 다시 사용될 수 있지만, 반드시 당신에게 도움이 되는 똑똑한 방법이어야지 해가 되는 방법이어서는 안 된다. 몇 안 되는 스토리를 같은 청중들에게 반복한다면, 스토리 재사용은 효과가 없다. "스튜어트의 축구 얘기가 또 시작되는군!"처럼 우리는 늘 이렇게 같은 스토리를 반복하는 사람들을 알고 있다. 이는 당신의 스토리를 지루하게 만든다. 그렇다면 당신의 스토리를 지루한 대신 흥미진진하게 만들기 위해서는 스토리를 어떻게 재사용할 수 있을까?

♣ "당신이 이 스토리를 전에 들어봤더라도 저를 제지하지 마세요. 왜냐하면 내가 이 이야기를 다시 듣고 싶거든요."

– 그루초 막스Groucho Marx, 코미디언

스토리를 다시 사용하는 한 가지 방법은 새로운 청중을 만났을 때다. 여전히 효과가 있다고 생각되는 스토리를 다른 청중에게 들려주면 된다. 조언을 하자면 청중에 맞춰 단어 등을 살짝 바꿔서 사용해야 할 수도 있다.

1장에 등장했던 방울양배추를 몹시 싫어했던 마이클 브랜트는, 이 방울양배추 스토리를 그의 관할지역에서 6개월간 사용하고는 그만두었다. 모두가 그 애기를 들어봤기 때문이었다. 그가 다른 지역으로 발령 났을 때, 그는 "아세요? 제가 방울양배추 스토리를 다시 사용하고 있어요."라고 말하면서 같은 스토리를 재사용했다. 왜냐하면 그가 완전히 다른 청중과 함께 하기 때문이었다.

가장 훌륭한 것에도 끝은 있다. 그런 의미에서 당신은 자기 스토리의 유효기간이 얼마인지 알아야 한다. 정확히 말하면 우리는 당신의 스토리가 유효기간이 되기 전에 그만두라고 권한다. 모든 스토리에는 저장 기한이 있고 당신은 비즈니스 전문가가 되어 이 사실을 인지해야 한다. 그래야지만 사람들이 "오 제발, 축구 얘기는 이제 그만!"이라고 불평하기 전에 멈출 수 있다. 그렇다면 스토리가 언제 퇴장해야 할지 알 수 있을까? 한 가지 표시는, 당신의 목표 청중이 당신의 스토리를 들어봤고 메시지도 전달됐을 때다.

마이클의 경우를 보면, 그가 그 스토리를 더 이상 쓰지 않은 이유는, 사람들이 모두 그 스토리를 들어봤고 그들의 일상 언어로 쓰이고 있었기 때문이다. 그들은 주요 잠재고객 목표치를 초과 달성하고 있었다. 스토리의 목적이 이뤄진 것이다.

또 스토리는 80퍼센트 정도의 청중에게 영향을 주는 데 목적을 두어야 한다는 것을 기억하라. 100퍼센트의 청중을 항상 '이해시키기'를 기대하지 마라. 그것은 매우 비현실적이고, 그런 레벨의 영향력을 주는 사람은 아무도 없다. 종종 100퍼센트 목표를 채우기를 기다리며 스토리의 퇴장을 거부하려는 이들도 있다. 당신이 그런 시도를 한다면, 가지고 있던 나머지 80퍼센트마저도 잃게 될 것이다. 그렇지만 걱정은 접어두시라! 퇴장이 반드시 영구적이어야 하는 것은 아니다. 당신의 스토리가 '훌륭한 스토리 묘지'에 잠들지 못할지도 혹은 영원히 다시는 못 볼 수도 있겠지만, 존 판햄 John Farnham 경우처럼 당신의 스토리가 다시 돌아오기도 한다. 퇴장한 스토리를 적당한 시기에 다시 불러오면 된다. 인기 쇄도로 당신이 스토리를 다시 들려줘야 하는 것을 상상해보시라!

스토리 재활용

퇴장한 스토리를 다시 가져올 때는 다른 메시지를 가지고 재활용할수 있다. 예컨대 마이클은 그의 스토리를 사람들이 서류 작업을 잘이행하도록 하는 데 재활용했다. 그런 의미에서 스토리는 매우 친환경적인 것이 되는 것이다. 그리고 언제나 핵심은 목적과 청중임을 명심하라. 이 핵심사항이 스토리를 인도하는 한 당신의 재활용 노력은대성공일 것이다.

스토리 배제

스토리를 배제하는 것은 강력하지만 가슴 아프고 어려울 수 있다. 당신은 굉장한 스토리를 만나 몹시 사용하고 싶었던 적이 있었을 것이다. 이러한 때야 말로 바로 최대한 자기 수양을 해서 스토리를 떨쳐내야 하는 것이다.

　그렇다면 언제 스토리를 배제해야 하는가? 우리가 앞서 몇 번 언급했기 때문에 이 질문의 답을 아마도 알고 있을 것이라 생각한다. 이럴 경우 스토리를 과감히 버려라.

- 비즈니스에 대한 목적이 없다. 스토리를 나누면서 사람들을 기분 좋게 만들고 재미있는 시간을 보내는 것은 개인적인 인생에는 유효하지만 결코 비즈니스 스토리텔링에는 그렇지 않다.

- 분명한 목적이 없다. 간단히 말하면 이것은 효과가 없다. 메시지를 전달하려면 반드시 목적을 알아야 한다.
- 청중이나 정황에 부적절하다.

스토리의 배제가 다시는 스토리를 이야기하지 않는다는 의미가 아니다. 배제된 스토리는 파일로 저장해두고서 수시로 스토리가 가질 수 있는 목적이나 혹은 스토리에 들어맞는 청중들에 대해 생각해보면 된다.

스토리 보충

스토리 레퍼토리에 새로운 스토리를 계속해서 추가해야 한다. 종종 이것을 도서관에 비유하기도 한다. 도서관에 단지 10권의 책만 있고 절대로 새 책이 공급되지 않으면 어떨지 상상해보라. 마치 리더가 스토리텔링의 힘을 처음으로 경험한 후 열성적으로 노력해서 다섯 개의 스토리를 만들었고, 무려 5년간이나 스토리를 사용한다면? 우리는 "그만하세요!"라고 외치게 된다. 6개월마다 스토리 도서관을 채워야 한다. 새로운 스토리를 추가하라. 그러면 당신의 스토리 재고는 늘 신선하고 고무적일 것이다.

스토리 유지

마침내, - 그리고 가장 중요하게 - 당신의 스토리 중에 '황금처럼 귀중한' 것을 발견했다면, 당신이 하는 모든 비즈니스 전반에 걸쳐 항상 유지하도록 하라. 이런 스토리들은 매번 당신에게 결과를 가져다준다. 우리에게는 이것이 1장에 나온 방울양배추 스토리와 같다. 당신에게 이런 황금과 같은 스토리가 있다면, 그것들의 적용 분야를 찾아라. 영업에서나 고객에게 설명할 때 또는 자신의 웹사이트나 복도 대화 등에도 사용하라. 이런 귀중한 스토리를 절대 시야에서 놓치지 마라. 이러한 스토리는 비즈니스 보상과 성공의 견지에서 보면 '황금알을 낳는 거위'라고 할 수 있다. 당신이 이런 스토리를 찾고 써보고 연습하기 위해 부단히 노력했으므로, 그것들은 당신에게 충분히 보답할 것이다.

스토리를 행동과 맞추기

스토리를 활용하기 시작할 때 한 가지 유념해야 하는 것은, 스토리와 행동이 일치해야 한다는 것이다. 이것은 매우 중요하다.

싱가포르에서 개최되는 국제 스토리텔링 축제에서는 참가자들이 스토리를 이야기할 때 행동의 일치와 단어들의 중요성을 강조한다.

♣ 싱가포르 항공

2000년 10월 31일, 싱가포르 항공은 처음으로 치명적인 항공 사고를 냈습니다. 싱가포르 항공의 안전 기록은 항상 완벽했고, 자국민들이 자랑스러워하는 상징적인 기업이었죠. 회사의 반응에 대한 뜨거운 관심 때문인지 기자회견은 전국에 생중계되었습니다.

대외 홍보국장 릭 클레멘츠Rick Clements는 기자회견에 나와서 의례 그럴듯이,

이 스토리를 들려준 여성은 "그 하나의 행동이 그들 자신이 한 말을 엄숙히 받아들이고 있고, 또 그들이 진심이었다는 것을 보여주고 있어요."라고 말했다. 클레멘츠 국장이 만약 안전요원이 그 남자를 저지하도록 내버려뒀다면, 자칫 공감력이 부족하다고 비춰지지 않았을까?

이는 '리더십 101가지' 같은 소재거리로, 당신의 말과 행동이 일치해야 한다는 의미다. 말을 할 때는 말하고, 걸을 땐 걸어라! 즉 '맞게 행동하라'는 식의 이야깃거리지만 일단 스토리를 시작하면 이 의미는 매우 중요하다. 왜냐하면 스토리는 당신의 말보다 훨씬 더 큰 영향력을 갖기 때문이다. 스토리는 기억되고 되풀이될 것이다. 두려워할 필요는 없다. 받아들이고 언행일치하도록 항상 명심하면 된다.

어떻게 행동이 스토리가 되는가

리더로부터 나올 수 있는 스토리에는 세 종류가 있다.

1. 리더 자신이 말하는 스토리 – 이것은 신중하고 전략적이다.

2. 타인에 의해 반복되는 본인의 스토리 – 리더로서 해주는 스토리

와 같은 스토리다. (우쭐해지기 전에, 이런 일은 자주 일어나는 일이 아니라는 것에 유의하라.)

3. 당신에 관한 스토리 – 당신이 했던 말과 행동으로부터 나온 것이다. 예를 들면 당신의 행동, 말, 결정 등이 스토리가 된다.

좋건 싫건 당신의 행동이 스토리를 만든다. 바깥에 이미 당신의 스토리가 있을지 모른다! 사람들은 당신에 관한 스토리나 당신의 리더십 스타일, 가치관 그리고 당신이 어떻게 일하고 누구와 일하려고 하는지 등을 이야기하고 있을 것이다. 사람들의 행동을 보고 어떻게 자신들의 스토리를 만드는지 사례를 보자.

♣ 카메론 클라인 스토리

2008년 호주 국립은행의 CEO에 오른 카메론 클라인Cameron Clyne은 처음부터 개방적이고 가까이 대할 수 있는 사람이 되겠다고 약속했다. CEO 자리에 오른 지 얼마 되지 않았을 때 열린 호주 국립은행 내부 행사에 참석했고, 그는 연회실 뒤쪽에 자리를 잡았다. IT 관련 부서에 일하던 여성이 다가와, "실례합니다. 제 자리에 앉아 계시네요."라고 말했다. 그는 당장 사과하고 자리를 비켜주었다.
카메론이 자리를 뜨자마자 한 여성 동료가 "저 사람이 누군지 아세요? 새 CEO에요!" 라고 말해줬다. 그러자 그 여성은 "그럴 리가요! 농담하지 마세요. 그가 왜 이렇게 뒷자리에 앉아 있겠어요?"라며 몹시 당황했고, 한동안 친구들로부터 놀림을 당해야 했다.

이 이야기는 급속도로 퍼져 나갔다. 아마도 스토리가 재미있었기 때문일 것이다. 그러나 의미 있는 것은 이 스토리가 호주 국립은행 직원들에게 카메론 회장의 언행일치를 보여주었다는 것이다.

만약 카메론 회장이 "이봐요! 내가 누군지 몰라요? 나에게 자리를 옮기라니 무례하군!"이라고 다르게 대답했다고 상상해보라. 이 스토리 역시 빠르게 퍼져 나가 카메론 회장이 말한 '개방적이고 다가가기 쉬운' 사람이 되겠다던 믿음은 산산조각 났을 것이다.

행동이 스토리를 만든다는 또 다른 유명한 일화는, 울워스 Woolworths(호주의 프랜차이즈 슈퍼마켓)의 전 CEO였던 로저 코벳Roger Corbett의 이야기다. 그는 시드니의 서큘러 부두에서 자사의 쇼핑카트를 발견하고는, 1.5킬로미터를 밀어서 원래 가게로 되돌려 놓았다. 이 스토리는 울워스의 전설이 되었을 뿐만 아니라 종종 리더가 자신의 직원들에게 가르치려는 가치를 몸소 실천한 롤모델로 언급된다.

당신의 행동이 스토리를 만들어낸다는 것을 이해하는 건 중요하다. 리더로서 이를 자각하고 협력하라. 행동이 부정적인 스토리가 아닌 긍정적인 스토리를 만들어내야 한다는 것 또한 유념하길 바란다.

▶ 핵심정리 ◀

◉ 잘 이해했나?

→ 스토리를 말할 때 가끔 즉석에서 '우와'라는 감탄을 들을 수도 있지만, 대개는 나중에 찬사를 받는 것이 스토리텔러에게는 좀 더 일상적이다.

→ 훌륭한 스토리는 긴 여운을 남겨서 계속 회자되거나 6개월이 지난 후에 요청이 들어오기도 한다.

→ 스토리가 효과적이었는지 청중의 참여도를 보면서 확인하라. 스토리 후에 정적이 있는지(이것은 좋은 징후다.) 혹은 당신의 스토리가 다른 사람들에 의해 회자되는지 알아보고, 소셜미디어 게시물 등도 체크해보라.

→ 스토리를 성찰해봄으로써 스토리텔링이 더 나아진다.

→ 성찰의 수단으로 교통 신호 접근법이나 스토리 효과 매트릭스를 활용해보라.

→ 스토리가 끝나자마자 성찰해보라. 스토리를 들려준 시간과 성찰의 시간의 간
극이 짧을수록 성찰이 더욱 효과적이다.

→ 스토리텔링의 6R을 이해함으로써 투자한 보상을 극대화하라 : 재사용Reuse,
퇴장Retire, 재활용Recycle, 배제Reject, 보충Replenish, 유지Retain

→ 스토리와 행동이 일치하도록 하라.

→ 행동은 말을 낳게 한다. 당신의 행동이 부정적인 스토리가 아닌 긍정적인 스토
리를 만들어내는지 확인하라.

◉ 얼마만큼 이해했나?

→ 스토리의 성공에 어떤 측정 방식을 사용할 것인가?

→ 스토리텔링 기술을 향상시키기 위해 교통 신호 접근법과 스토리 효과 매트릭
스 중 어떤 성찰 수단을 사용할 것인가?

→ 6R의 스토리텔링 요소 중 어떤 것을 스토리에 적용시킬 것인가?

→ 당신의 어떤 스토리가 외부에서 회자되고 있는지, 스토리와 행동이 일치하는
지 어떻게 확인할 수 있나?

→ 행동이 스토리를 만든다. 리더로서 이것을 어떻게 자신에게 해가 되지 않고 도
움이 되도록 만들 것인가?

이번 장에서 우리는 스토리텔링을 한 단계 발전시킬 스토리텔링의
비법들을 알아보았다. 다음 장에서는 스토리를 어디에서부터 시작할
수 있는지 살펴보자.

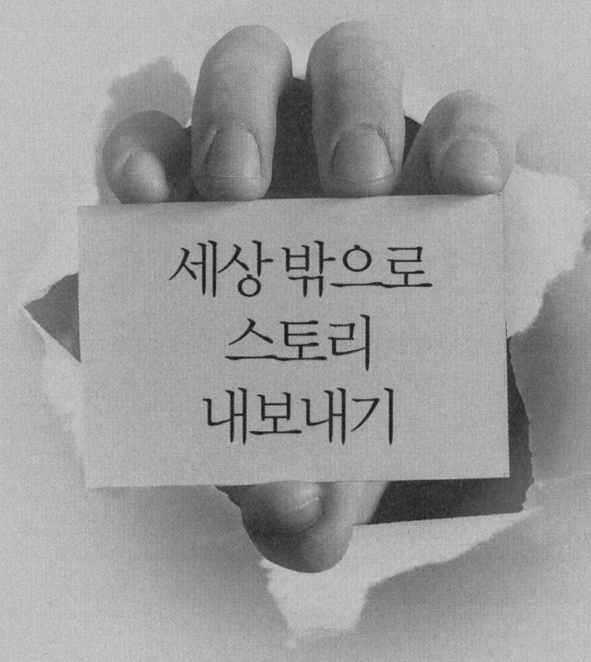

"자신 안에 말하지 않은 스토리를 품고 있는 것보다
더 큰 고뇌는 없다."

– 마야 안젤루Maya Angelou, 미국 작가이자 시인

워크숍에 참가했던 한 리더가 우리에게 말해주었다. "이번 주에 10번의 미팅을 했는데 지금 보니 스토리를 나눌 수 있었던 10번의 기회를 놓친 셈이군요." 이런 일이 부디 당신에게 일어나지 않도록 하라.

스토리를 만들어냈으면 조직의 리더로서 세상으로 나가 나누기 시작해야 한다. 즉 팀원, 임원진, 고객 또는 주주들과 공유해야 한다. 그런데 이 사실을 아는가? 스토리를 말할 기회가 근사하게 잘 갖춰져 오는 것은 아니다. 당신 스스로가 자발적으로 찾아서 기회로 만들어야 한다. 스토리가 당신의 머릿속에만 갇혀 있다면 아무에게도 쓸모없을 것이다.

이 장에서는 개인으로서 당신이 다양한 비즈니스 정황을 통해 스토리를 나눌 수 있는 방법들을 짚어볼 것이다. 이는 당신이 세상으로 나가 스토리를 통해 변화를 추구하고 영감을 주는 의미 있는 일이다.

팩트는 말을 하고, 스토리는 물건을 판다

판매왕들이 스토리를 이용하는 이유는, 스토리가 영업에서 차지하는 강력한 역할 – 고객에게 당신과 당신의 제품을 정서적으로 연결시켜주는 – 을 잘 이해하고 있기 때문이다. 훌륭한 영업직원은 사람들이 감정에 의해 물건을 사고 구매한 것에 논리를 부여해 합리화시킨다는 것을 간파하고 있다. 당신이 단지 사실관계나 수치, 제품의 장점들만 얘기한다면 당신은 그냥 '말하는' 것이다. 그렇지만 그런 팩트나 수치, 제품의 장점들의 의미를 스토리를 통해 소개한다면 당신은 판매를 하고 있는 것이다.

영업을 했거나 판촉에 참여했을 때를 떠올려 보고 어디에 스토리를 사용할 수 있었는지를 생각해보라. 우리는 즉각적인 공감대를 형성하기 위해 영업 시작부터 스토리를 이용하는 의뢰인도 보아왔다. 또한 주어진 같은 데이터로도 노련하게 "예를 들자면……"과 같은 말로 계속해서 스토리를 이어가는 참가자도 본 적 있다.

> ♣ "사람들은 제품이나 서비스 혹은 아이디어를 실제로 구매하는 것이 아니다. 그들은 그것들에 결부되어 있는 스토리를 사는 것이다."
>
> – 마이클 마골리스Michael Margolis, 《나를 믿으세요Believe mes》 저자

영업에서 스토리를 활용할 기회는 무한하고, 고객이 '아하! 당신이 스토리를 말해줬네요.'라고 생각할 리는 없다. 그보다 그들은 이유도

알지 못한 채 당신에게 좀 더 가까이 이어지고 결속되며 영향을 받게 되는 것을 느낀다.

우리의 고객 중 한 명이었던 매튜Matthew는 고립된 지역에서 물을 효율적으로 사용하는 해결책과 상품 등을 공급했다. 영업 과정의 일환으로 그는 단지 제품의 특징과 장점을 열거해놓기보다는 그의 제품을 사용하는 한 젊은 농업인 부부의 스토리를 들려줬다. 그 부부는 호기심으로 제품을 설치하고는 어느 날 식탁 테이블에 앉아 있던 부인이 신이 나서 매튜에게 전화를 했다.

"세상에나! 발전기를 돌리러 세 시간이나 운전해서 가야 하는 저를 당신이 구해주셨어요. 방금 전 집 식탁 테이블에서 발전기를 작동시켰어요!"

영업에 사용할 스토리를 찾기 위해서 당신은 고객 스토리의 파수꾼이 되어 그들이 자신의 스토리를 얘기할 적절한 질문을 해야 한다.

예를 들면 고객이 당신에게 "이 상품이 제 인생을 바꿨어요."라고 말한다면 그들에게 구체적인 이유를 물어보고, "어떻게 당신 인생을 바꿔놓았죠?" 하고 전체적인 스토리를 물으면서 깊숙이 파고들어야 한다.

이것이 바로 당신 스토리의 저택을 쌓는 것이다. 매튜의 경우처럼 고객과 과거에 대화한 경험을 떠올려서 그들이 실제로 당신에게 해준 얘기를 스토리에 활용하면 된다. 또는 앞으로 고객이 할 말에 주의를 기울여 당신이 고객만족 스토리를 얻을 때까지 계속해서 질문을 해보라.

일단 이런 스토리가 만들어지면 매일 대하는 고객과 공식적인 계획서, 입찰서류, 판촉물 등에서부터 잠재적인 고객들과 곧바로 직결되는 대화 수단에까지 두루 활용할 수 있다. 만약 당신이 제일선에서 일하지 않거나 직접적인 고객이나 고객 연락처가 없다면 어떡해야 할까? 그러면 그런 위치에 있는 사람에게 인터뷰하거나 물어보라. 고객이 서비스와 제품에 어떻게 빠져드는지에 대한 실례들을 끌어내기 위해 집요하게 물어보고 4장에서 언급했던 검증된 스토리 공식을 이용해서 당신의 스토리로 변신시키면 된다.

리더가 반드시 직접 만나서 영업을 해야 한다고 생각하지 마라. 일상적으로 당신을 대신해 영업업무를 해주는 간접적인 방법도 있다. 이를테면 명함이 그것이다.

♣ 명함 스토리

명함을 제작할 때 우리는 명함에다 짧은 스토리를 적어 넣기로 결정했다. 그것은 협소한 공간에다 하기에는 매우 힘든 작업이었다. 이것이 우리가 명함에 써놓은 글이다.

- 가브리엘 돌란 : 부모님의 관심을 받고자 7남매 속에 부대껴 자랐으며 우연히 스토리텔링 기술을 연마하기 시작했다. 그녀의 관심을 받고자 한다면 그녀에게 연락하면 되는데……
- 야미니 나이두 : 매일 빨간 버스를 타고 학교를 다니며 인도 뭄바이에서 자랐다. 버스 안에서 시간을 보내던 그녀는 종종 버스가 호랑이라고 상상했다. 호랑이를 타고 등교하던 스토리를 좀 더 듣고 싶다면 그녀에게 연락하면 되는데……

우리는 우리의 명함을 무척 좋아하고, 오랜 시간 비즈니스에 몸담아 왔지만 아직도 이렇게 쓰고 있다. 의뢰인들 역시 우리의 명함에 관심을 보였는데, 한 의뢰인은 우리의 명함에 깊은 인상을 받았고 그것이 가지는 효과에 감동 받아서 개인 브랜드에 대한 워크숍을 개최해달라고 의뢰해온 적도 있었다.

그러므로 영업에서 스토리를 활용할 수 있는 우회적인 방법도 생
각하라.

소셜미디어

소셜미디어와 스토리텔링은 바질과 토마토 같은 관계로 함께 할 운
명이고, 서로를 최상으로 이끈다.

블로그

당신이 블로그를 쓴다면 이는 스토리를 공유할 완벽한 장소다. 또한
당신이 스토리를 수집할 최고의 장소이기도 하다. 종종 우리는 참고
할 만한 스토리를 예선 블로그에서 다시 조회해보곤 한다.

> ♣ "인터넷이 우리를 좀 더 본연의 것들로 되돌아가도록 해주고
> 있다. 이를테면 스토리텔링은 공유하는 것인데, 이는 우리가 사회
> 공동체가 되는 길이기도 하다."
>
> – 조셉 고든–레빗 Joseph Gordon-Levitt, 미국 배우이자 감독

개인이나 회사의 페이스북 또는 링크드인LinkedIn(글로벌 비즈니스
인맥 사이트)에 스토리를 공유하거나 자신의 블로그나 웹사이트 등에
올려놓을 수 있다.

블로그에 흔하디 흔한 문구들을 적는 것보다 스토리가 더 도움이

되는지 보라. 스토리가 말하고자 하는 요점을 잘 드러나게 하고 당신의 블로그를 흥미롭고 기억에 남게 만들어줄 수 있다는 사실은 이미 다 알고 있겠지만. 안 그런가?

한 예로 멘델레이 엔터테인먼트Mendalay Entertainment CEO이자 골든 스테이트 워리어The Golden State Warriors 농구단과 LA다저스The Los Angeles Dodgers 야구단 구단주인 작가 피터 구버Peter Guber는 자신의 블로그에 지는 것, 많이 져보는 것이 왜 중요한지에 대해 얘기했다.

구버는 블로그에 이야기를 적기 시작했다.

"어느 날 밤 9시쯤 골든 스테이트 워리어의 농구 경기를 관람하던 때였어요. 종료시간까지 우리 팀이 2점을 뒤지고 있었고, 나는 얼굴을 찡그린 채 에이스 선수가 자유투를 실패하자 손을 높이 치켜들면서 몹시 실망하고 있었죠.

갑자기 내 스마트폰이 울렸고, 열어 보니 마이애미 히트Miami Heat의 구단주 팻 릴리Pat Riley가 보낸 문자였어요. 그는 집 침실에서 우연히 경기를 보고 있었고, 그때 마이애미의 시간은 거의 자정이었죠. '그러지 말게나! 패배하는 것도 경기의 일부분이네! 경기의 통계자료들을 살펴보게. 일 년에 거의 270경기나 있다네. 많이 지게 될 거야! 아주 많이! 그러니 익숙해지게!' 라며 그가 타일렀어요."

개인의 스토리로 많은 독자를 사로잡은 구버는 지는 것이 왜 중요한지에 대해 계속해서 연재하고 있다.

유튜브YouTube

유튜브는 개인의 스토리를 기록하거나 고객이 공유하고 올린 그들의 스토리를 구하는 데 최상의 공간이다. 그래도 그것들이 간결하고 분명한지는 확인해야 한다.

트위터twitter

"트위터에서 140자로 된 스토리. 이게 가능한가요?"라고 말하는 당신의 소리가 들린다. 아마도 가능은 하겠지만 무척 어려울 것이다.

트위터가 나오기 전 1920년대에 어니스트 헤밍웨이Ernest Hemingway의 동료는 헤밍웨이가 6단어로 된 완벽한 이야기를 쓸 수 없다고 내기한다. 이에 헤밍웨이는 "판매합니다. 한 번도 사용하지 않았던 아기 신발For sale : Baby shoes, never used."이라고 써서 응수했다. 정말 통쾌했다. 결국 동료는 내기돈을 지불했고, 헤밍웨이는 이 글이 자신의 최고의 작품이라 생각한다고 말했다.

우리 대부분은 고작 140자밖에 안 되는 스토리를 지속적으로 게시하는 것은 도전으로 생각하고 있다.

그렇다면 스토리의 오프닝 제목을 트위터에 올린 다음 자신의 게시글에 링크하는 방법도 있다. 그래서 이것이 독자의 눈길을 사로잡는다면 오프닝 제목을 본 사람들은 더 많은 것을 원할 것이다.

이메일Emails

스토리텔링에 대해 강연할 때마다 항상 이런 질문을 하는 사람이 있다. "이메일에 스토리를 써도 되나요?" 지금쯤이면 우리를 스토리 전

도사로 여기고 있는 당신도 추측할 수 있을 것이다. 그러므로 대답은 예상한 대로 "네, 되고말고요! 이메일에 스토리를 쓸 수 있습니다! 할렐루야!"이다.

물론 모든 메일에 가능하다는 건 아니다. 아무런 업무도 성사시키지 못하고서 이런 메일을 보낸다면 지루할 것이다. 그래도 핵심요점을 부각하거나 행동 변화를 꾀하고 싶다면, 스토리를 활용하는 것이 도움이 될 것이다.

제이드Jade의 조직은 늘 좀더 많은 교육을 원한다고 말하는 리더들로 악명 높았지만, 정작 교육 일정이 잡히면 그들은 참석할 시간적 여유가 없다며 발을 빼곤 했다. 그녀는 교육일에 리더들을 참석시키자는 내용의 이메일을 보냈다. 예상하듯이 이메일 내용은 굉장히 지루했다. 제목만 보고도 대부분 사람들이 삭제 버튼을 누르기에 충분했다.

이후 그녀는 리더들을 초대하기 위해 새로운 이메일을 보냈다. 그녀가 이번에는 어떻게 커뮤니케이션했는지 살펴보라.

♣ 이메일과 스토리

제목 : 한 남자가……
숲에서 나무를 베려 애쓰고 있었다. 한 늙은 농부가 지나가면서 한참을 보더니 조용히 물었다.
"뭐하는 거요?"
"안 보이세요?" 남자가 거칠게 대답했다. "지금 나무를 베고 있잖아요."
"힘들어 보이는구먼!"이라고 농부가 말하고는 다시 물었다. "그래서 얼마나 오랫동안 이 일을 하고 있었소?"

> "다섯 시간은 넘었죠. 너무 힘드네요. 이 일은 너무 힘든 일이에요." 남자가 대답
> 했다.
> "톱이 굉장히 무뎌 보이는군. 몇 분이라도 쉬면서 톱을 갈지 그러나? 그럼 일이 빨
> 라질 텐데."라고 노인이 말하자, "톱을 갈 시간이 없어요. 톱질하기에 너무 바쁘거
> 든요."라며 측은하게 대답했다.
> 톱을 예리하게 갈 준비가 됐나요? 다음 회의의 세부사항은 여기를……

이메일은 교육의 세부사항과 동시에 스토리의 특성(스티븐 코
비Stephen Covey의 《성공하는 사람들의 7가지 습관The 7 habit of Highly
Effective People》)을 보여주면서 이어졌다. 제이드의 조직은 다음 교육
프로그램에서 100퍼센트의 출석률을 보였다. 톱을 갈 시간이 없다고
얘기하는 리더는 없다. 이런 이메일 의사소통이 사람들을 행동하게
만든 스토리를 이용함으로써 공감력을 형성했다. 결국 그것이 이메
일 속 스토리의 힘이다.

엘리베이터 피치는 잊어라

"하시는 일이 뭔가요?"라는 질문을 얼마나 많이 받아봤는가? 이런
질문을 받은 당신은 자신이 어떤 일에 종사하는지 아주 재빨리 설명
한다. 이것을 '엘리베이터 피치Elevator pitch'라고 한다.

우리는 엘리베이터 피치를 그리 좋아하지 않는다. 대부분은 지루
하고 단조롭다. 상대방은 당신에게 무슨 일을 하는지, 어디서 일하
는지 그리고 제공하는 서비스 등등을 물어보고 말을 시킨다. 물론 셀

수도 없는 엘리베이터 피치가 있지만 대부분의 것들이 밋밋하다. 예컨대 "저희는 중견기업부터 대기업에 이르기까지 다양한 사업 분야 전반에 걸쳐 매니지먼트 컨설팅 서비스를 제공하고 있습니다."라는 식이다.

현실은 엘리베이터가 올라가거나 내려가는 시간 안에 당신이 하는 일을 자세히 설명하는 것은 어렵다. 당신이 비밀스레 비상버튼을 눌러서 엔지니어가 원래 상태로 되돌려놓는 5~10분 정도를 확보하지 못한다면 말이다.

이제는 엘리베이터 피치를 단호히 없애고 당신이 하는 일을 설명할 스토리로 대체할 때가 되었다. 모든 상황에 모든 부류의 고객들에게 당신이 하는 일이 정확히 무엇인지 얘기할 필요는 없다. 종종 누군가가 당신이 하는 일을 물어봐도 그리 관심이 있어서가 아니라 그들은 단지 대화를 시작하기에 앞서 예의를 차리는 건지도 모른다.

우리가 이것을 이야기하는 이유는 당신이 '무슨 일을 하느냐?'는 질문을 받았을 때, 그들이 관심을 표현하는 것일 수도 있지만 그렇다 하더라도 그것이 당신이 회사를 세운 역사를 읊거나 이력서를 제출하라는 의미가 아니라는 것을 알리기 위해서다. 당연히 그들에게 당신이 하는 일을 말해줘도 된다. 그러나 충분히 호감 가는 방식이어야 한다는 의미다.

2010년 우리는 '매니 리버스Many Rivers'(호주의 소상공인을 돕는 NGO 단체)를 위한 스토리텔링 워크숍 형식의 무료 행사를 하게 되는 즐거움을 누렸다. 매니 리버스는 뛰어난 사업수완을 가진 호주 자국민에게 소액자금을 제공하는 단체다. 참가자 중 지역개발 담당자인 데이비드 바게리David Bagheri는 대개 그들이 하는 일을 설명하는 직책을 맡고 있었다. 그는 많은 고객들과 매니 리버스가 지원해야 하는 잠재적인 고객들에게 설명하지만 그들의 일을 대신해주지는 않는다. 또한 그는 이 단체가 자금을 자선기금처럼 제공하는 것이 아니라는 사실 역시 사람들에게 상기시킨다.

이 스토리는 데이비드가 워크숍 동안 그의 메시지를 전하고자 들려준 이야기다.

당신이 누군가에게 그들이 하는 일을 묻고 난 후 이런 이야기를 듣는다면 얼마나 신선할지 생각해보라. 우리는 많은 사람들에게 데이비드의 스토리를 다시 들려주었다. 놀라운 것은 사람들이 스토리를 각자 다르게 적용한다는 것이다. 선생님은 학생들에게 부모님은 자녀들에게 선생님과 부모로서 자신들의 역할은 그들을 이끌어주는 것이라고 일깨워주지만, '그들의 날개'가 튼튼해지는 기회를 외면하지 않는다고 말이다.

스토리로 구제받기

비즈니스에서 스토리는 다양한 메시지를 전달하는 데 쓰인다. 애매한 상황이나 조심스러운 의사결정 등 다양한 분야에서 당신을 구해준다. 몇 가지 예를 보자.

질문에 답하기

지도자, 컨설턴트 또는 리더로서 답을 가지고 있지 못하거나 직접적인 답은 아니지만 참작 정도를 제공할 수 있는 질문을 종종 받기도 한다. 이럴 때 스토리가 필요하다.

　고객 중 글로벌 컨설팅기업의 컨설턴트였던 존 켄Jon Kaehne의 일화를 보자. 존은 CEO와 공급망 간부들The supply chain executive과의 회의에서 기업의 공급망 서비스 레벨에 대한 열띤 토론을 하고 있었다. 95퍼센트? 96퍼센트? 97퍼센트? 합의에 도달할 수 없었고 존에게 물었다. "존, 당신이 전문가니 무엇이 정답인지 말해주세요!" 존은 어느 편을 들거나 갑자기 생각난 답을 하는 대신 아래의 스토리로 답했다.

존의 이야기가 끝나자 CEO가 그를 보더니 유쾌하게 테이블을 치면서 말했다.

"이래서 내가 자네를 좋아하는 걸세!"

코칭

코칭이나 멘토링 상황에서는 스토리가 바로 사용될 수 있다. 스토리가 정황상 지시하는 듯한 태도를 보이지 않고도 세밀한 조언을 해주는 역할을 한다.

전 빅토리아 주 경찰총장을 역임한 크리스틴 닉슨Christine Nixon은 자신의 커리어에서나 인생에서 목표를 설정하는 것이 매우 중요하다고 강조했다. 특히 그녀는 코칭에 임할 때 목표 설정의 중요성을 역설하는 것에 대한 스토리를 들려주었다.

우리는 크리스틴 전 총장이 했던 여러 번의 프리젠테이션을 통해 그녀의 커리어에 스토리가 얼마나 지대한 영향을 미쳤는지에 관한 연설을 듣는 영광도 누렸다. 스토리는 (그녀의 책《페어 캅Fair Cop》에도 실린) 목표 설정에 대한 그녀의 메시지를 전하는 데 소개되었다. 이는 2007년 개최된 FINA 세계 수영 챔피언 대회에서 있었던 그녀의 경험을 담고 있다. 첫째 날, 참가한 각국 국가가 거명되고 수영장 내에는 부표들 위로 참가국 국기가 걸려 있었다.

수영장에는 물에 휩쓸려 왔다 갔다 하는 부표들뿐이었고, 그 부표들이 하는 것이라고는 그냥 물 위에서 움직이고 있는 것이 다였어요.
다음날 나는 실전 경기를 보러 갔는데, 정말 대조적인 광경이 눈에 들어왔죠. 경기에 참여한 선수들은 무척 집중하고 있었고, 목표가 뚜렷해 보였어요. 그들은 경기에 이기겠다는 단 하나의 목표로 경기장 한 쪽 끝에 서 있었죠. 이제 시작을 알리는 총성이 울리면 그들은 자신이 할 수 있는 가장 단도직입적인 방식으로 경기장의 다른 한 쪽 끝을 향해 갈 것입니다.
종종 나는 얼마나 많은 이들이 물 위의 부표처럼 정처도 없고 목표도 없이 그냥 휩쓸리고 있는지 생각해보곤 합니다.

크리스틴은, 이 스토리를 들려준 후 사람들이 다가와서는 그녀에게 고마워한다는 얘기를 우리에게 들려줬다. 눈에 눈물을 글썽이며 그들은 "마침내 알게 됐어요. 내가 물 위에서 휩쓸리는 저런 부표와 같았다는 것을요. 하지만 더 이상은 아니에요."라고 말한다고 했다.

우리가 이 스토리를 이야기할 때면, 얼마나 많은 사람들이 크리스틴의 연설을 들어봤고 또 그 스토리나 그 외의 여러 가지 다른 스토리도 오늘날까지 회자되고 있다는 사실에 고객들은 놀라움을 금치 못했다. 사람들은 단지 스토리를 기억하고 있을 뿐만 아니라 스토리에 담겨 있는 교훈 역시 상기하고 있었다.

직원 관리

성과 관리 면담이나 누군가에게 상당히 강도 높은 피드백을 주어야 하는 상황에서 스토리는 매우 유용한 수단이 될 수 있는데, 스토리는 어느 쪽에도 편파적이지 않는 역할을 한다. 이들은 마치 벨벳으로 만든 큰 망치 같아서 당사자가 문제의 요점을 강요받는다는 느낌 없이 문제의 요점이 충분히 드러나도록 한다.

이와 관련해서 고객이었던 샘Sam의 예를 보자. 샘은 헤지펀드 매니저 팀을 관리하고 있었다.

샘의 부서에는 가장 높은 성과를 내는 젊은 친구가 있었다. 고성과자였지만 그의 몇몇 행동은 적절치 못했다. 그가 자신의 목표치를 달성하는 동안, 부서 다른 팀원들이 샘에게 와서 그 젊은 친구는 무례하고 이기적이라고 말했고, 한 직원은 그를 완전 "나쁜 놈"이라고까지 표현했다.

샘은 이 문제를 해결해야 한다는 것을 알고 있었지만 그의 최고성과자라는 타이틀에 저해되지 않으면서 그 자신에게 자신이 "나쁜 놈"이 되어간다는 사실을 알게 하는 것이 문제였다.

샘은 젊은 직원을 커피숍으로 불러내어 대화를 하면서 그가 출근할 때 겪은 일화를 그에게 들려주었다.

지난 달에 나는 출근하려 기차를 기다리고 있었는데, 플랫폼에는 나와 노령의 여성 그리고 다른 직장인과 이어폰으로 아이팟을 듣고 노래를 듣고 있던 젊은 남자가 있었네. 기차가 역사로 들어왔을 때 나와 다른 직장인은 노령의 여성이 먼저 탑승할 수 있게 뒤로 물러섰지.

하지만 젊은 남자가 노령의 여인을 거의 쓰러뜨리듯이 밀치더니 문을 잡아당기는 모습을 본 나는 말문이 막혔어. 이어폰을 끼고 기차에 급히 타려던 남자는 자신이 무슨 행동을 했는지 모른다는 확신이 들었네.

다른 직장인과 나는 믿을 수 없다는 듯 서로 쳐다보았지. 그리고는 그가 큰 소리로 그 청년을 똑바로 쳐다보며 나에게 말했어. "나쁜 놈은 어떻게 생겼는지 항상 보고 싶었는데, 오늘에야 보게 됐네요." 그러자 그 청년은 이어폰을 빼면서 순진한 목소리로 물었지. "네? 뭐라고요?" 예상했던 대로 그는 자신이 한 일을 모르고 있었어.

우리가 목표치 달성에 너무 집중한 나머지 가끔 이어폰을 끼고 있는 이 남자처럼 행동해서 사람들이 때때로 우리를 '나쁜 놈'으로 여긴다고 생각해본 적, 자네는 있는가?

이후 샘은 자신의 스토리가 효과가 있었는지 그 당시에는 확신할 수 없었다. 샘의 스토리가 끝난 후 약간의 정적이 있었지만, 그 직원은 "왜 저에게 이런 얘기를 하시나요?" 라든지 "그래서 제가 나쁜 놈이라는 말씀인가요?" 등의 말은 없었다. 그렇다고 "그러게요. 일부 사람들은 매우 무례하죠."라는 말 역시 없었다.

샘은 확신이 없었지만 몇 주가 지나는 동안 그 젊은 직원에게서 행동의 변화가 관찰되었고 (좋은 쪽으로), 다른 팀원을 대하는 방식에도 미묘한 차이가 나타났다고 말했다.

스토리는 샘에게 고성과자가 자신의 행동이 잘못되었다는 걸 깨닫도록 하면서 여전히 그의 성과를 유지할 수 있도록 하는 문제를 현명하게 해결하는 방법이 되었다. 또한 샘은 지속적으로 직원들이 성과를 관리하도록 했다. 만약에 그의 행동이 예전으로 다시 돌아가려 한다면 샘은 그에게 – 팀원들 앞에서 – 물어볼 수 있을 것이다.

"방금 전 우리가 기차를 타려고 저 노인네를 밀쳤나?"

샘이 그 스토리를 찾아서 이야기하는 것이 쉬운 일은 아니다. 그의 경우에는 부합하는 적절한 스토리를 찾는 데 많은 시간을 할애했고, 그에게 효과가 있도록 연습한 결과였다.

발표하기

발표할 때마다 스토리를 통해서 당신을 청중과 연결시키고 그들에게 핵심 메시지가 전달되도록 해야 한다. 프레젠테이션이 기억될 수 있도록 어떻게 스토리로 시작하고 끝맺을 수 있을지 생각해보라.

♣ "들려주는 것과 들리는 것 사이의 미묘한 차이가 스토리텔링이다."

– 그레그 파워 Greg Power, TEDx 밴쿠버, 2011

프레젠테이션이 짧을수록 더 많은 스토리가 필요하다. 우리는 3분 안에 한 개의 강렬한 스토리를 이야기해야 하는 대회에 참가하게 된 친구를 도운 적이 있다. 대회에서 우승한 그녀는 환호성을 지르며 우리 사무실로 뛰어 들어와서는 기쁨을 감추지 못했다.

또 같이 작업했던 한 CEO는 기업 회의에서 직원의 기여도에 대해 발표하고 있었다. 그의 핵심 메시지는 리더들이 직원의 기여도에 대해 달리 생각하기 시작해야 한다는 것이었다. 이 스토리는 그의 프레젠테이션에서 언급된 것이다.

♣ 돈과 초콜릿

길을 걷던 한 소년에게 차에 타고 있던 한 사람이 다가와 말을 건넸어요. "10달러를 줄 테니 초콜릿 한 개를 사서 차에 타렴." 소년은 그 남자를 보지도 않은 채 계속 걷기만 했죠.

몇 분이 지나서 그 소년에게로 다가가서 그 남자가 말했어요. "좋아. 50달러를 줄 테니 초콜릿 2개를 사오는 건 어떠니? 그러면 차에 탈 거니?" 소년은 운전자를 무시한 채 계속 걸었죠.

또 몇 분이 지나자 다시 차가 소년에게 다가가더니 이번에는 그 남자가 이렇게 얘기했어요. "그래 좋아. 네가 이겼구나. 100달러를 줄 테니 네가 먹을 수 있을 만큼 사렴." 그러자 그 소년이 멈춰 서서 운전석 쪽으로 가서 말했어요. "아빠, 아빠는 볼보 차를 사셨잖아요. 그럼 그에 맞게 사셔야죠!"

이는 사람들을 동기부여하기 위해서는 돈과 초콜릿보다 더 많은 것이 필요하다는 걸 보여줍니다.

그리고 그 CEO는 앞으로 12개월 동안의 전략과 문제점 그리고 기회에 대한 설명을 이어갔다. 그러면서 그는 청중에게 전달하고 싶은 가장 중요한 메시지를 분명히 확인시켰다. 그는 리더들이 직원 기여도를 다르게 생각하기를 원했다.

'코그니전트Cognizant'의 부사장을 역임한 존 버긴John Burgin이 스토리로 프레젠테이션을 마친 사례를 보자. 존은 2012년 7월에 개최한 고객을 위한 이벤트를 주관하면서 하루 동안 기조연설자들의 연설을 듣고 나서 하나의 메시지를 남기기를 희망했다. 메시지는 새로운 정보와 비전을 어떻게 할 것인가는 이제 그들의 손에 달려 있다는 것이었다. 존은 이 스토리를 들려주면서 발표를 끝냈다.

♣ 지혜로운 노인

히말라야 산 높은 곳에 지혜로운 노인이 살고 있었습니다. 수시로 그는 산 아래 마을로 내려와 그가 가진 특별한 지식과 능력으로 마을 사람들을 즐겁게 해주곤 했죠. 그가 가진 기술 중에 한 가지는 마을 사람들의 주머니, 상자 또는 마음속을 '독심술'로 알아맞히는 것이었어요.

마을의 몇몇 젊은이들이 지혜로운 노인에게 장난을 쳐서 그의 특별한 능력에 흠집을 내기로 작당했죠. 한 소년이 새를 잡아 손에 숨기자고 제안했어요. 물론 그 지혜로운 노인이 손에 쥔 물건이 뭔지를 알 거라고 생각했지만 소년에게는 묘책이 있었어요.

손에 쥔 물건이 새라는 것을 지혜로운 노인이 알아맞힐 거라는 것을 안 소년은 노인에게 그 새가 살았는지 죽었는지를 물어보기로 했죠. 노인이 그 새가 살아있다고 하면 소년은 손을 짓눌러 새를 죽인 다음 손을 내보이며 새가 죽었다고 하고, 노인이 새가 죽었다고 하면 손을 열어 새를 날려 보내려고 했죠. 그래서 노인이 무슨 말을 하는지 거짓을 말한다는 것을 소년은 증명하려 했어요.

다음 주에 노인이 마을로 내려왔어요. 소년이 재빨리 새를 잡아 손 안에 감싸 쥐고서는 지혜로운 노인에게 다가가 물었어요. "노인이여, 노인이여. 내 손 안에 있는 것이 무엇인가요?"

지혜로운 노인은 "새를 가지고 있구나!"라고 말했죠. 그가 옳았어요.

그러자 소년은, "노인이여, 그럼 이 새가 살았나요? 아니면 죽었나요?"라고 물었죠. 그러자 지혜로운 노인은 그 소년을 바라보며 이렇게 말했습니다. "새의 운명은 네가 선택하는 대로구나!"

이것이 오늘 우리가 배운 가르침입니다. 선택은 당신이 어떻게 정보를 활용할 것인가에 달려 있습니다. 당신의 지속적인 파트너로서 함께 하는 우리 기업에게 이 기회가 영광스러울 것입니다.

그러므로 프레젠테이션에 앞서 미리 스토리를 프레젠테이션의 시작과 끝, 어디에 어떻게 사용할 것인지 그리고 핵심 메시지를 어떻게 전달할 것인지를 생각해보라.

　존은 최고의 학생이었다. 그는 우리의 코칭 조언을 잘 받아들였을 뿐만 아니라 우리가 제시한 아이디어를 곧바로 실행에 옮겼다. 코그니전트의 총회가 개최되던 날, 그에게 후두염이 발병했고 몹시 말하기 힘들었다. 하지만 그는 고통을 누르며 총회를 스토리로 시작했고, 또 스토리로 총회를 마감했다. 그 전에 그는 발표 때 그런 방법을 써본 적이 없었지만, 이벤트가 끝나고 나서 그의 팀원인 한 직원은 "존이 발표하는 걸 여러 번 들어봤지만 오늘 한 발표가 가장 훌륭했어요." 하고 말했다. 스토리텔링의 힘은 엄청난 고통을 준 후두염도 이겨내게 했다.

　스토리가 사람들을 이해시키고 당신의 메시지를 상기시키는 데 도움이 된다는 사실을 명심하라. 또한 이는 사람들을 행동하도록 독려한다. 그런데 왜 당신은 본인의 프레젠테이션에 스토리를 활용하지 않고 있는가?(뻔한 질문이므로 대답할 필요는 없다!)

승진에 쐐기 박기

많은 기업과 개인들이 알게 모르게 행동 면접 기법Behavioral Event Interviewing(BEI) Technique을 사용한다. 행동 면접 기법은 특정한 예시에 대해 질문하는 과정으로, 지원자가 포지션에 맞는 필요한 기술, 특성 또는 가능성 등을 가지고 있는지를 가늠하는 것이다.

　인터뷰 과정 동안 특정 예시의 질문이 주어졌을 때, 당신이 여태껏 준비하고 연습한 스토리가 있는지 확인하라.

> ♣ "이번 세기의 처음 절반 동안에 가장 높은 보수를 받는 이는
> 스토리텔러가 될 것이다."
>
> – 롤프 젠슨Rolf Jensen, 전 코펜하겐 미래연구소 디렉터

지원자가 무엇을 염두에 두는가를 알아보는 것은 그리 어려운 일이 아니다. 요구되는 능력이나 기대치는 직업 광고의 설명란에 나와 있을 것이다.

직업의 포지션이 당신에게 독립적이면서도 팀플레이어가 되기를 요구한다면 이 두 가지 측면을 잘 보여줄 수 있는 스토리나 또는 각각의 능력을 드러내는 두 개의 스토리를 준비하면 된다.

예를 들자면 당신이 직업 면접에서 질문을 받고 있다고 상상해보라. "직업상의 평범한 측면들을 어떻게 해결할 거죠?" 당신은 이렇게 대답할 수 있다. "저는 모든 직업에는 평범한 측면이 있다는 것을 인정하고 제 할 일을 묵묵히 해나가겠습니다." 또는 이렇게 대답할 수도 있다.

♣ 피아노 연습

학창시절 나는 피아노를 배웠습니다. 재미있었지만 똑같은 노래와 악보를 계속 반복해서 연습해야 된다는 생각에는 동의할 수 없었어요. 물론 나도 연습이 매우 중요하다는 걸 알고 있었지만 지루해졌고 점차 흥미를 잃었습니다.

어느 날 피아노 선생님이 우리가 시드니 오페라하우스에서 연주하도록 초대받았다

계획대로 일이 진행되지 않거나 실패했을 때를 대비해 항상 스토
리를 준비하라. 완벽한 사람이 있다고 아무도 기대하지 않는다. 나약
함을 보여주고 실수를 인정하는 것도 효과적이다. 당신이 어떻게 힘
든 상황을 극복하고 또 어떻게 그것을 처리했는지에 관한 당신의 스
토리가 긍정적인 인상을 유지시킬 수 있다.

자신의 스토리를 믿을 수 있는 조언자에게 테스트해보는 것도 좋
은 아이디어다. 종종 당신은 스토리가 특정한 가치를 보여준다고 생
각하지만 사실은 생각과 다르거나 다소 부정적인 의미로 보여질 수
도 있다. 여전히 스토리를 활용할 수 있지만 이런 경우 단어를 수정
한다든지 몇몇 디테일을 삭제하거나 덧붙여서 원하는 결과를 얻도록
해야 한다.

모든 인터뷰 질문에 스토리로 답할 필요는 없지만, 몇 가지는 준비
해두고 다양한 스토리를 가질 수 있도록 해야 한다. 예컨대 당신의
모든 스토리가 단 한 가지 프로젝트나 한 사람에 관한 것이 아니어야
한다는 것이다. 가치관을 드러낼 수 있는 근면성실함이나 문제 해결
능력 같은 개인적인 스토리를 활용하는 것을 어려워하지 말라.

◎ 잘 이해했나?

→ 스토리가 완성되면 밖으로 나와 리더로서 스토리를 들려줘야 한다.

→ 영업, 소셜미디어, "당신은 무슨 일을 하시나요?"와 같은 질문을 받기, 질문에 답하기, 코칭, 직원 관리, 발표 그리고 승진에 쐐기 박기 등 모든 기회에 스토리텔링이 사용된다.

◎ 얼마만큼 이해했나?

어떠한 스토리를 사용할 수 있을까?

→ 고객에게 영업 / 상품 설명을 할 때

→ 소셜미디어에서 (블로그, 트위터, 페이스북)

→ "어떤 일을 하시나요?" 같은 질문을 받을 때

→ 질문에 답할 때

→ 코칭할 때

→ 성과 관리할 때

→ 발표할 때

→ 승진을 확고히 하고자 할 때

이 장에서는 자신의 스토리를 활용할 수 있는 다양한 상황들에 대해 살펴보았다. 다음 장에서는 스토리텔링을 본인의 기업 전반에 어떻게 도입시킬 것인지에 대해 알아볼 것이다.

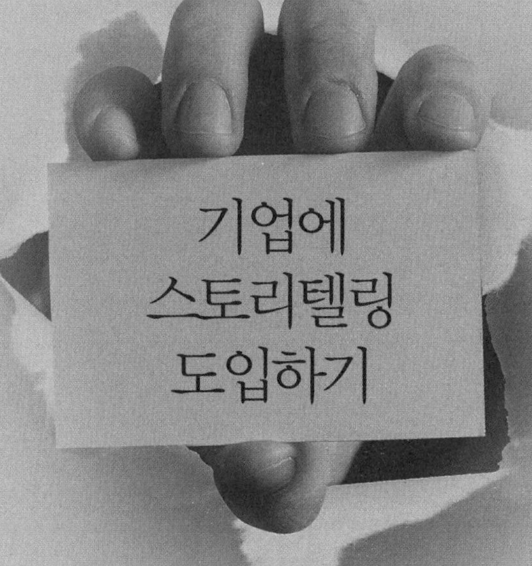

CHAPTER 9

"둘러보면 스토리로 사람들에게 지대한 영향을 끼칠 수 있다는
아이디어를 가진 비즈니스 리더들을 오늘날에는 찾아보기
힘들다. 리더들이 취하는(또는 취하지 않는) 행동은 태도 변화에
엄청난 효과를 내는 스토리로 만들어질 수 있다.
이런 사실을 인지하고 지식을 활용하는 리더들은 조직을
위대하게 만들어 사람들의 존경을 받고 추앙된다. 그러나
리더의 위치에 있는 자들이 스토리의 힘을 활용하거나
발휘하지 못한다면, 곧 기업이나 그들 자신의 실패로 이어지는
위험에 직면할 수 있다. "

– 존 코터 John Kotter, 리더십과 변화 전문가이자 저자

지금쯤이면 비즈니스 스토리텔링이 얼마나 강력한가를 실감할 수 있을 것이다. 스토리텔링이 당신의 영업을 증대시키고, 직원들에게 팀의 새로운 전략을 인지시키며, 부서 회의를 좀 더 흥미롭게 만든다. 자, 이제 회사의 직원 모두가 스토리텔링을 사용할 때 누릴 수 있는 이점을 상상해보라.

스토리텔링을 기업에 도입했을 때의 장점들을 다시 상기하기 위해서 당신은 전략적이고 지속 가능한 접근을 취해야 한다. '전략적이고 지속 가능한 스토리텔링!'이라고 소리를 내며 말해보라.

그렇다면 '전략적이고 지속 가능한 스토리텔링'이란 무엇인가?

'전략적'이라는 의미는 조직에 스토리텔링을 소개함으로써 당신이 성취하고자 하는 바를 이해시키는 것이다. 예를 들자면 이것이 당신을 경쟁상대로부터 차별화하기 위한 것인가, 공감하고 참여해서 영감을 주는 리더의 자질을 향상시키기 위한 것인가, 또는 사내 분위기 변화를 이끌어내기 위한 것인가 등이다.

‘지속 가능한’이라는 것은 스토리텔링이 단순히 지나가는 유행이 아니라 자신만의 비즈니스 방식을 고수한다는 뜻이다.

전략적이면서 지속적인 스토리텔링은 조직에 관련 종사자들을 숙련시켜 어떻게 스토리를 활용하여 활발히 스토리를 찾아 나서고, 적합한 스토리를 선택해서 다양한 매체를 통해 공유할지를 내포하고 있다. 또한 신제품의 첫 공개나 연간총회 등의 다채로운 조직 계획을 통해 스토리를 어떻게 이용할지 생각해야 한다.

이 장에서는 스토리텔링을 조직 내부에 도입하는 방법에 대해 살펴볼 것이다. 그에 따라 어떻게 기업에 스토리텔링을 도입하는지와 또 스토리텔링을 조직 계획에 활용해온 다양한 예를 살펴볼 것이다.

물고기 잡는 방법 보여주기

아마도 당신은 고대 중국 속담을 들어본 적 있을 것이다. “사람에게 물고기를 잡아주면 그를 하루 동안 배부르게 할 수 있지만, 그에게 물고기 잡는 법을 가르치면 평생 배부르게 할 수 있다.” 같은 지혜가 스토리텔링에도 통한다. 사람들에게 스토리를 이용하라고 말하고 그들에게 얘기할 스토리를 찾아주는 것보다 스토리텔링 방법을 가르쳐주는 것이 낫다.

우리는 교육과 리더십 역할에 엄청나게 방대한 분량의 이력을 할

애해왔고, 기업이 직원에게 관련 업무를 요구한다면 리더는 직원들이 업무를 수행할 수 있도록 기술, 자신감 그리고 기업의 지원 등을 뒷받침하는 도의적인 책임감을 지녀야 한다는 강한 신념을 가지고 있다. '도의적인 책임감'이라는 말이 다소 부담스럽게 느껴진다면, 실질적이고 이치에 맞는 논리로 생각해보라. 만약에 자녀가 피아노를 연주할 수 있기를 바란다면 피아노 학원에 보낼 것이다. 당연하지 않은가? 직원에게 월말에 엑셀 스프레드시트를 제출하라고 시키려면 당연히 그들에게 엑셀 교육을 시켜야 한다. 또 연례 회의에서 직원에게 발표를 요청하려면, 그가 프레젠테이션 교육을 받도록 해야 한다.

스토리텔링도 이와 같다. 당신이 직원들에게 스토리를 활용하고 조직 내에서 이를 공유하기를 원한다면, 그들이 할 수 있도록 그에 따른 교육과 지원이 제공되어야 한다. 그렇지 않다면 끔찍한 모차르트 연주곡을 듣는 데 아주 긴 시간을 할애해야 할 것이다.

♣ "모든 인간에게는 자연스럽게 스토리를 말하려는 충동과 재주가 있어서, 이 욕구를 아주 조금만 자극해줘도 경이롭고 유쾌한 결과를 낳게 된다."
– 낸시 멜론 Nancy Mellon, 《스토리텔링의 기술The Art of Storytelling》 저자

그런데 직원을 훈련시키는 것이 매우 중요하지만 그들에게 스토리 사용을 시작하라고 말하는 것이 쉽지 않다는 사실 또한 알아차렸을 것이다.

신디 베첼러Cindy Batchelor는 상위 100명의 선임 리더들에게 스토리텔링의 기술을 개발할 기회의 필요성에 동의했다. "우리가 리더들에게 의무감과 책임감을 기대하기에 앞서 그들에게 기술과 자신감 그리고 능력을 심어주어야 한다."고 그녀는 주장했다.

그녀는 선임 관리자들인 리더들이 꽤나 전문적이고 유능하며 숙련되어 있다는 것을 알지만 팀원과의 교류에는 미흡하다고 설명을 이어갔다. "우리는 미흡한 부분을 인지하고, 리더들에게 팀원 교류에 대해 책임을 묻기 전에 그 미흡한 부분을 개선하는 것이 우리의 책무이다."

중대한 변화에 앞서 먼저 주요 영향력을 행사하는 사람에게 이목을 집중하라고 조언한다. 스토리텔링을 조직에 도입하는 데는 시간, 돈, 노력 그리고 훈련이 요구된다. 그러므로 주요 영향력 행사자와 선임자들이 스토리텔링의 파급력을 충분히 이해하고 파급력을 직접 경험해보는 것이 스토리텔링 도입에 동기를 부여하는 중요한 역할을 한다.

통상 이런 강력한 영향력을 끼치는 인물은 주로 리더십 팀에 소속된 고참 리더이지만 반드시 이런 팀에 제한을 두는 것은 아니다. 업계의 다른 인물 또한 이런 핵심 영향력 행사자로 포함될 수 있다.

스토리텔링의 지지자만큼이나 회의론자들 역시 포함시켜야 한다. 모든 변화가 그렇듯이 부정적인 견해를 가진 이도 포함해서 이들을 먼저 선점하는 것이 중요하다.

> ### ♣ 스토리텔링 도입을 위한 체크리스트
>
> 아래는 당신의 조직에 스토리텔링을 소개하기 위해 필요한 체크리스트이다.
>
> ☐ 스토리텔링을 저조한 직원 몰입도나 새 전략의 커뮤니케이션 방법 등 현 비즈니스 이슈에 접목해서 소개하라.
>
> ☐ 리더들이나 관련된 직원 모두에게 교육을 제공해서 그들이 스토리텔링을 노련하게 활용하도록 하라.
>
> ☐ 선임 리더십 팀이 먼저 교육 받도록 하고, 스토리텔링의 사용을 롤모델화하라.
>
> ☐ 리더들에게 그들의 스토리를 연습할 수 있는 기회를 부여하고 피드백을 얻도록 하라.
>
> ☐ 스토리텔링 사용을 격려하는 분위기를 만들어가라.
>
> ☐ 리더들 간의 스토리 공유를 위한 형식적, 비형식적인 전략들을 개발하라.
>
> ☐ 조직 내에 실재하는, 스토리를 포착하는 구조적인 접근법을 사용하라.
>
> ☐ 현재 통용되는 커뮤니케이션 채널을 통해 스토리 공유를 시작하라.

리더와 직원 양측의 스토리텔링을 숙련하는 것이 전략적이고 지속 가능한 스토리텔링을 도입하는 중요한 첫 번째 단계라는 것을 명심하라.

타인의 스토리 발견하기

앞에서 언급했듯이 스토리텔링에서 리더를 교육하는 것이 첫 번째 단계다. 모든 이가 교육을 마치면 다음의 도전과제는 리더들이 어떻게 계속해서 새로운 스토리를 얻는가이다.

이는 당신이 직원들과 고객에 대한 스토리를 찾기 위해 조직 안으로 들어가야 한다는 뜻이다. 스토리를 찾는 데는 두 가지 방법이 있다. 한 가지 방법은 우리가 스토리 수확이라고 부르는 방법이다. 다른 한 가지 방법은 열성적이고 신중하게 스토리를 경청하는 것이다.

스토리 수확은 고객서비스 관련 주제를 사용할 때 가장 효과적이다.

스토리 수확

스토리 수확은 이야기 주제의 실례를 찾는 과정으로, 여기에서는 고객서비스의 사례가 된다. 스토리로 만들어질 실례를 고르고 스토리로 빚어서 왜, 언제 그리고 어디서 각각의 스토리가 쓰이게 될지 결정한다. 이는 마치 금을 캐는 것과 같아서 만약 어디를 파야 할지 알고, 진짜 금과 가짜 금을 구별할 수 있다면 더 나은 결과를 내는 것과 같다.

스토리 수확 회의는 소규모 그룹(10~12명의 인원)으로 짧은 시간 동안(90분에서 120분 정도 소요) 숙련된 스토리텔링 진행자가 진행한다. 스토리 수확 회의는 아주 세밀하게 계획되고 전문적으로 진행해야 한다. 이 두 가지 요소는 매우 중요하다.

계획이란 회의장 안에 적합한 인물들이 참석하고 적절한 스토리의 빗장을 풀 세심하게 짜여진 질문들이 만들어져 있어야 한다는 것을 의미한다. 이것은 무슨 뜻인가? 그냥 사람들에게 고객서비스나 이노베이션에 대한 스토리를 들려달라고 부탁하면 되는 것이다. 맞는 말일까? 틀렸다! 사람들에게 막무가내로 스토리를 이야기해달라고 하면 대부분 대답은 "저에겐 스토리가 없습니다."이다. 그들에게 이것은 엄청난 부담으로 작용해서 '벤허'보다 더 큰 애깃거리를 만들어야 한다고 생각하기 때문이다. 비슷하게는 사람들에게 정말 재미난 농담을 부탁하는 것과 같은 이치다. 그들의 대답은 "정말 재밌는 농담이 없는데요."일 것이다. 자연스럽게 스토리를 유도하는 방식으로 질문의 틀을 짜야 한다. 그리고 약간의 속임수일 수 있는데, 실제로 '스토리'라는 단어를 질문에 쓰지 않는 것이 좋다.

이런 스토리 수확 회의는 진행자가 몇 개의 적절한 스토리를 들려주는 것으로 시작하고, 그런 다음 더 많은 스토리로 드러낼 미사여구의 질문들을 던진다. 예를 들면 이런 것들이다.

- "여기서 일하면서 뿌듯했던 적이 언제였는지 말해주세요."
- "당신이나 지인이 직장에서 고객을 위해 옳은 일을 했던 때를 설명해주세요."

예정된 회의가 끝난 뒤에도 상당히 많은 스토리가 쏟아져 나오는 것에 놀랄 수 있으니 처음 생각했던 예상 소요시간보다 좀 더 넉넉히 시간을 설정해두는 것이 좋다.

진행자는 실제 스토리를 끄집어내기 위해 더 깊이 들어가야 할 때를 알아야 한다. 적절한 타이밍에 던지는 후속 질문 역시 중요하다. 예를 들면 이런 것들이다.

- "그 일이 일어났을 때, 어떤 기분이었나요?"
- "고객이 실제로 무슨 말을 했나요?"
- "그 일이 발생했을 때, 당신이 어떻게 대처했는지 자세히 말해주세요."

대개 이런 질문 다음에 실제 스토리가 나오게 된다.

쓸모 있는 사례들을 끌어내어 스토리로 변화시킨 다음에는 활용할 만한 스토리로 가려내야 한다. 어떤 스토리를 쓸 것인가는 당신의 목적에 달려 있지만 스토리를 선택할 때 몇 가지 유의해야 할 것들이 있다.

먼저 스토리 수확 회의에 참석한 모든 참가자에게 아래의 두 가지 질문을 해보라.

- 어떤 스토리가 가장 맘에 드나?
- 어느 스토리를 다른 사람과 가장 공유하고 싶은가?

이 질문이 스토리의 '접착력'을 알려주는 좋은 지표가 될 수 있다. 우리가 말하는 '접착력'이란 사람들이 스토리를 즐기고 기억하고 또 반복한다는 의미다.

스토리를 결정하는 또 다른 요소는 다양성이다. 분야와 장소를 아우르는 스토리의 적절한 조합이 있어야 하고, 효과의 규모에 근거한 스토리의 다양성이 필요하다. 한 사람에게 변화를 가져오는 스토리와 수천 명에게 지대한 영향을 미치는 스토리가 규모의 예라 할 수 있다.

사례를 선택한 후에는 앞서 4장에서 설명했던 검증된 스토리 공식을 이용해서 효율적인 비즈니스 스토리로 바꿀 수 있다. 이는 가급적 기록된 형식으로 저장하는 것이 바람직하다. 스토리를 적어보는 것은 두 가지 목적을 충족시키는데, 스토리를 다듬어서 효과를 극대화하는 데 도움을 주고, 또 커뮤니케이션의 한 방편이 되는 뉴스레터나 웹사이트, 이메일 같은 방식의 간편한 의사소통 소재도 제공한다. 끝맺음을 달리 하고 싶다면, 불필요한 디테일을 없애거나 더 많은 감동적인 문구를 덧붙이면 된다.

마지막 단계는 어떤 스토리를 어떤 청중에게 어떠한 매체를 통해서 소개하는가이다. 당신이 맡은 조직에 따라 이는 매우 달라질 수 있다. 이 단계에서는 당신을 지도해줄 내부 커뮤니케이션 전문가의 도움을 받는 것이 최상이라는 결론을 얻었다.

2012년 3월 우리는 안내센터, 소매지점 그리고 큰 소매 조직 등에서 고객을 직접 대하는 분야에서 일하는 직원들과 스토리 수확 회의를 개최한 바 있다. 기업에서는 직원들이 일하면서 자부심을 느낄 만한 스토리를 찾고 싶어 했다.

다음은 회의에서 나온 몇 가지 스토리들이다. 첫 번째 스토리는 콜센터에서 일하는 벤Ben의 스토리다.

♣ 벤의 스토리

전화 통화 말미에는 의례히 "제가 더 이상 도와드릴 건 없나요?"라고 묻는데, 나는 수화기 너머로 자신이 지금 암과 싸우고 있다고 이야기하는 여자 고객을 대하고 있었어요. 나는 존경과 연민의 심정으로 그녀의 이야기를 듣고 있었죠. 나는 그녀 곁에 누군가가 있는지 아니면 연락할 이가 있는지 물었어요. 나는 전화를 끊으면서 그녀의 안녕을 비는 나의 진심을 전했고, 모든 일이 잘 되길 바란다는 당부의 말도 잊지 않았죠. 이 경험은 내가 평소에 하던 전화상담이 아니었고, 상담 과정이나 절차를 따른 것도 아니었지만, 올바른 일을 했기 때문에 팀 리더로부터 찬사를 받았습니다.

다음은 로스Ross가 들려준 다른 스토리다.

♣ 절친 프로그램

나는 앵글리캐어Anglicare(호주의 사회 취약계층을 위한 봉사단체)에서 많은 자원봉사 활동을 합니다. 그 중 한 가지 프로그램이 있는데, 이른바 '절친 맺기 프로그램 Buddy Quest Program'이죠. 남성 지원자들이 어린 소년들에게 바람직한 남성 롤모델이 되어주는 프로그램으로, 취약계층의 어린 소년들에게는 좋은 남성상의 영향을 받을 기회가 거의 없기 때문에 만든 프로그램이에요.
주말에 우리 그룹은 트래킹에 도전했고, 한 소년이 추락해 팔에 심한 부상을 입었죠. 그때는 몰랐는데 소년의 팔은 두 군데가 부러져 있었어요. 나는 부상 입은 소년과 함께 행렬의 맨 마지막에 있었기 때문에 우리만의 속도로 따라갈 수 있었어요. 내가 소년을 도와주는 것은 당연했지만 그 소년이야 말로 나를 정말 많이 도와주었어요. 보다시피 나는 앞을 잘 보지 못해서 구덩이를 피하거나 나뭇가지에 걸려 넘어지지 않도록 도움이 필요하거든요. 소년이 제가 할 수 있도록 도와주었죠. 우리는 계속 걸어 내려왔지만 그 소년은 팔의 고통에 대해 결코 불평하지 않았어요. 나는 소년이 무척 자랑스러웠고, 또 이런 기회를 만들어준 회사에 감사했습니다.

이런 스토리들과 스토리 수확 회의에 나온 다른 스토리들은 왜 이 기업에 종사하는 사람들이 뿌듯해 하는지에 대해 지속적인 의견을 교환하는 데 사용되고 있고, 다른 사람에게도 이런 비슷한 스토리를 공유하는 데 촉매 역할을 하고 있다. 스토리 수확 회의는 조직 내의 유용한 스토리들을 활발히 찾아다니는 것이 전부라고 해도 과언이 아니다.

스토리 수확은 스토리를 찾는 공식적이고 조직적인 과정이다. 이런 과정이 훌륭한 결과를 안겨주고 보통은 찾을 수 없는 스토리를 발견하는 데 도움을 주지만, 이런 공식적인 과정만이 스토리를 찾아내는 유일한 방법은 아니다.

스토리 경청

적극적인 스토리 찾기의 다른 한 가지 방법은 '듣기'에 의한 것으로, 바로 질문하고 듣기다.

훌륭한 스토리텔러가 되려면 좋은 경청자가 되어야 한다.

리더로서 당신은 적절한 질문을 하는 습관을 길러야 한다. 스토리를 끌어낼 수 있는 질문을 한 다음 대답을 들으라. 스토리를 듣고 난 후 더 공유될 만하면 당신이 사용해도 되는지 물으라.

스토리를 사냥할 때는 사람들에게 스토리를 얘기해달라고 부탁하기보다는 사례나 경험을 들려달라고 하는 것이 최상이다.

고객 중 한 명은 자신의 새로운 총괄 책임자가 승강기 앞에서 사람들을 만날 때마다 "자, 자네의 스토리는 뭔가?"라고 묻는다고 토로했다. 헐! 이는 대화를 죽이는 확실한 방법임에 틀림없다. 대부분의 사람들은 우려 섞인 심정으로 "아, 저, 그러니까……"라고 말을 더듬거리면서 그들이 내려야 할 층이 아닌데도 급하게 다음 층에 내려버린다.

만약에 당신이 사람들에게 "훌륭한 고객서비스 스토리를 들려주세요."라고 요청하면 "그런 스토리는 없는데요." 같은 표정을 대답으로 받게 된다. 당신이 해야 할 일은 고객서비스 사례, 또는 변화를 일궈낸 경험, 팀워크, 아니면 당신의 주제가 무엇이건 간에 좀더 구체적인 예로 물어보면 된다.

리더로서 각각의 개인에게 질문을 하거나 또는 팀 미팅에서 스토리를 찾아낼 수 있다. 심지어 의제로 내세울 수도 있지만 의제의 사안을 '사례(스토리가 아니라)'라고 정해야 한다.

호주 '쉘Shell'에서는 매 주마다 안전 미팅을 여는데, 의제 사안으로 표시된 '안전 나눔'으로 시작한다. 이는 미팅 참가자 모두가 그 주에 발생한 안전에 관한 자신들의 사례나 경험 등을 나누는 것이다.

훌륭한 고객서비스 스토리를 원한다면 팀 미팅에서 사례를 묻는 것으로 시작하라. "이번 주에 있었던 좋은 고객서비스 사례를 들려주실 분이 있나요?"라고 물을 수 있다. 처음이나 처음 몇 번은 아무 대답도 듣지 못하는 것을 각오하라. 사람들은 당신이 엄청나게 대단한 스토리를 기대한다고 생각할 수 있다. 그러나 당신의 팀이 일상적인 고객서비스의 사례를 나누기 시작하면 다른 이들도 또 다른 사례들을 이야기한다. 끈기를 가지고 기다리면 당신은 점차적으로 공유할 만한 스토리를 들을 수 있게 된다.

인터뷰 동안에 '콜로니얼 퍼스트 스테이트 커스텀 솔루션Colonial First State Custom Solution' 사의 전략기획 담당자인 개리 칼도우Garry Caldow는 스토리 경청에 이런 통찰을 건넸다.

"사람들에게 귀 기울이고 지속적으로 듣다 보면 훌륭한 스토리를 들을 수 있다는 것을 알게 된다. 혼자서 모든 스토리를 생각해볼 필요는 없다. 대신 타인의 스토리를 들어보고 그것이 나에게 어떤 의미가 되는지 잘 새겨보면 된다. 그것으로부터 얻어내는 것이 있다면 바로 자신의 스토리가 되는 것이다."

하나됨의 힘

어떤 방식으로든 스토리를 찾아냈다면 – 그것이 우연이든 질문 물어보기든 아니면 공식적인 스토리 수확 회의를 통해서든 – 이제 뭔가를 해야 한다. 개인이라면 8장에서 설명했듯이 영업 미팅, 팀 미팅, 프레젠테이션 등 다양한 방법으로 스토리를 시작하면 된다.

이에 덧붙여 CEO나 선임 리더들은 '하나됨의 힘The Power of One' 이라고 불리는 것을 할 수도 있다. 스토리를 접한 후 조직의 선임 리더로서 방금 전 들었던 스토리의 당사자에게 전화를 걸거나 이메일 혹은 방문을 통해서 그 사람을 격려하면 된다. 예를 들면, 뛰어난 고객서비스를 중요시 하는 기업에서 훌륭한 고객서비스를 실천한 직원의 스토리를 듣는다면, 그에게 연락해 그가 한 일을 들었다고 설명하고 회사가 지향하는 가치가 바로 스토리의 주인공이 한 태도와 행동이라고 말해준다.

'그럴 시간이 없는데…….'라고 당신은 생각할지 모른다. '이건 한 직원에게 너무 많은 시간을 할애하는 것이야. 회사엔 수천 명의 직원이 있는데 말이지.' 이런 반응은 상당히 타당하다. 그렇다면 이것을 상상해보라. 만약에 당신이 고객콜센터나 소매지점에서 근무하거나 또는 프로젝트에 매달려 있는데 CEO가 전화를 걸어 당신이 지난 주, 혹은 지난 달에 했던 일을 칭찬한다면 당신은 어떻게 할 것 같은가? 당신은 그 즉시 주변의 모든 이들에게 이 사실을 알리고 또 그들은 그들 주변의 사람들에게 말할 것이다. 분명히 그들은 CEO가 왜 전화했는지 물어볼 것이다. 당신의 이런 행동이 조직 전체에 파급 효과로 나타난다. 이것이 바로 '하나됨의 힘'이다.

당신이 CEO나 선임 리더는 아니지만 이들에게 영향력을 행사할 수 있는 위치에 있다면 이들이 그렇게 하도록 부추기라.

하나됨의 힘은, 소위 '올바른 일을 행한 사람을 알아내서 당신이 그들이 한 일을 알고 있다는 것을 알게 하라.'의 스토리텔링 버전이다. 단순하지만 강력하다.

조직 내의 변화

조직 내의 변화에 직면한 기업들은 – 이것이 새로운 전략을 도입하거나 중대한 사내 분위기 전환을 앞두고 있거나 중요한 기술 변화를 시작하는 등의 – 스토리텔링 활용이 변화의 성공을 가늠하는 데 필수적일 수 있다.

2009년, 영광스럽게도 '에릭슨Ericsson'의 리더들과 함께 일할 기회가 주어졌는데, 우리는 스토리텔링을 중대한 전략적인 변화의 한 부분으로 활용하고 자리매김하도록 도왔다. 이 변화로 매우 긍정적인 결과를 가져왔다. 다음은 우리가 참여한 호주와 뉴질랜드 에릭슨의 사례 연구로 스토리텔링이 어떻게 쓰였는지를 보여준다.

사례 연구 : 에릭슨

이 에릭슨의 사례 연구는 조직의 변화를 앞두고 있는 리더들에게 몇 가지 귀중한 배움과 통찰을 제공하는 계기가 될 것이다.

• 발단

2009년 초기 에릭슨(통신분야의 기술 서비스를 제공하는 세계 최대 기업)

호주 및 뉴질랜드 본사는 힘든 시간에 직면했다. 다수의 타 기업처럼 국제 금융위기 직후, 에릭슨은 여러 분야에서 비용 절감 같은 방책을 찾아야 했다. 내부적으로는 희망퇴직 등이 발표되었고, 이어 임금동결도 뒤따랐다. 외부적으로 고객만족도는 떨어졌고, 경쟁사들은 빠른 속도로 뒤쫓아 오고 있었다.

연말 직원 설문조사에서는 동기유발지수가 겨우 52퍼센트로 나타났고, 조직에 기운을 북돋고 이끌어야 할 리더들이 극도로 의욕이 저하된 모습을 보여줌으로써 실망스러운 결과를 나타냈다.

호주와 뉴질랜드 조직 전반에 걸쳐 전체 동기부여지수는 51퍼센트였다. 직원들이 선임 리더들에게 준 명확하고 효과적인 커뮤니케이션 점수는 57퍼센트에 불과했다. 이는 73퍼센트를 기록한 에릭슨 그룹 전체 성적에도 못 미치는 저조한 결과였다.

• 과정

커뮤니케이션 부서 대표인 소냐 애플린Sonia Aplin이 입장을 발표했다. "에릭슨 호주 및 뉴질랜드 본사의 문제점은 극명하다. 하지만 이를 해결하기 위해서는 상당한 투자와 책임이 요구된다. 지금은 대범한 행동과 용감하고 과감한 추진력이 필요한 시기다. 소비자와의 관계 개선을 이루고, 더 중요하게는 우리의 재정적인 위치를 강화하기 위해서 더 나은 성과가 발휘되도록 리더들과 직원들의 용기를 북돋고 상호 교류에 주력해야 한다."

CEO 제클린 헤이Jacquelline Hey와 수석 리더십 팀은 그들이 처한 특정 문제점들을 해결하고 기회를 최대화할 수 있는 '3년 계획'을 발표·시행했다. 계획의 핵심사항은 조직의 문화를 바꿔 좀더 고객 중심으로 이뤄나가는 것이었다.

그들은 좋은 계획이라고 생각했지만, 선임 리더들의 의사소통 전달력을 향상시키지 못하면 소용없다는 사실 역시 인지하고 있었다. 리더들이야 말로 매일 같이 사람들과 교류하고 직원들에게 새로운 계획에 흥미를 갖도록 만드는 인물이라는 것을 그들은 충분히 이해하고 있었다.

소냐 애플린이 이끄는 커뮤니케이션 팀은 75명으로 구성된 공식 선임 리더십 팀을 신설했다. 그들은 구성된 팀과 연계된 온라인사이트에 월별 금융상황 보고와 분기별 공개토론 등을 도입했다.

소냐는, "정보의 불일치를 완화하는 요소들로, 이 그룹이 가진 커뮤니케이션 능력에 대한 이슈들을 다루어야 할 때다. 리더들에게 어필할 수 있을 뿐만 아니라 지속적인 변화를 만들어낼 수 있는 뭔가 혁신적인 것이 필요하다."라고 말했다.

"커뮤니케이션 전문가로서 미국 버락 오바마Barack Obama 대통령이 공개 연설에서 스토리를 활용하는 데 큰 감명을 받았다. 잠시 정치적인 부분을 제쳐두고, 그가 매우 효과적으로 스토리를 이용해서 사람들에게 영향을 끼치고 자신의 페르소나를 쌓는 것을 보면 저절로 존경하게 된다. 어느 날 나는 구글에서 '조직용 스토리텔링'을 찾아보고는 리더십 스토리텔링 교육에 대한 전문가들의 토론 등에 대해 알게 되었다."

초반부터 소냐는 직속 상관으로부터 스토리텔링을 위한 지원을 받아 재정, 인사 관리, 조직 개발 등의 대표들과 함께 개념 정리를 위한 전략적인 파트너 관계를 형성하는 데까지 추진했다.

스토리텔링 교육에 참여한 75명 리더 전원은 신新 전략 프로그램에 연계되어 있었다. 이는 리더들에게는 커뮤니케이션 기술과 자신감을 심어주고, 동시에 팀원들에게는 신 전략에 대해 흥미를 불러일으키게 하는 목적을 가지고 있었다.

교육이 끝나고 발표된 설문조사에서 98퍼센트의 리더들이 스토리텔링이 리더에게 유용한 기술이라는 데 동의했고, 자신의 효율성을 향상시키는 데 유용하다고 공감했다.

소냐는 교육을 다음과 같이 정리했다.

1. "교육 프로그램은 리더들에게 스토리텔링이 무엇인가(또 아닌가)를 알려주는 여정이 되었고, 리더들이 사람들과 더 나은 교류를 하는 데 어떤 도움이 되는지, 단지 커뮤니케이션을 하는 것보다 교류하는 것이 왜 중요한지, 그리고 스토리가 어떻게 긍정적인 성과와 태도를 이끌어내는지에 대한 근거를 보여줬다."

2. "또한 프로그램은 리더들에게 그들이 처한 특정 비즈니스 문제점들이 무엇인지 분명히 하는 데 도움이 되었다. 모든 리더들이 한목소리로 기업 문화를 좀 더 고객 중심으로 전환하야 하는 총체적인 문제점을 검토하면서, 각각의 리더들은 자신의 팀 분위기의 변화를 이끌어내기 위한 도전과제들에 역시 직면해야 했다."

3. "교육에는 리더들이 스토리를 개발하도록 돕는 기술적인 측면과 동료들에게 스토리를 소개하여 그들에게서 평가와 조언을 듣는 시간도 포함됐다. 동료의 참여가 교육을 매우 효과적으로 이끌었

고, 리더들이 교육에 전념하고 바른 방향성을 가지는 데 도움이 되었다. 아울러 선임 리더들이 서로 자신의 스토리를 시험하기 위해 작업을 함께 하면서 상호 협력이 증가되는 교육의 예기치 않은 결과물도 얻었다."

• 결과

교육이 시작되자마자 조직 내에서나 회의 그리고 고객 관련 발표 등에서 즉각적으로 스토리 사용이 급증했다. 종전에 리더들은 매우 근엄하고 인간미 없게 보여 왔던 데 반해, 지금 그들은 자신들의 과거 업무나 개인적인 경험 등을 스토리로 들려주고 있다. 자연스럽게 이런 스토리들이 그들이 비즈니스 목적과 어울리게 되었다.

비교적 단기간에(3개월 남짓) 모든 리더들을 숙련시킴으로써, 리더들 서로가 스토리 사용을 지지, 격려하고, 스토리 사용을 그룹사 공약으로 이행하게 하는 결과를 만들어냈다. 이 모든 과정은 롤모델 프로세스의 매우 중요한 시작이 되었다.

전임 CEO로부터 형편없는 고객 및 직원만족도 결과를 이어받은 후임 CEO 제클린 헤이는 다음의 스토리를 언급하며 회사의 고객 중심 프로그램을 신설했다.

"최근에 오클랜드 사무실을 방문했을 때, 지사장인 제프Jeff는 내게 퍼시픽 블루Pacific Blue 항공을 타고 왔느냐고 물었어요. 그래서 내가 '네, 그래요. 훌륭했어요.'라고 답하자 제프는 '정말요? 자리가 너무 좁던데요.'라고 응수했죠.

사실 그가 옳았죠. 내 앞 승객이 좌석을 뒤로 젖히자 나는 노트북을 펼칠 공간조차 없었어요. 그러고 나서 이 경험을 곱씹어보자 예전에 맞이 상한 샌드위치를 샀던 일과 같은 일이라고 생각됐어요. 그럼에도 내가 비행이 좋았다고 생각하는 이유는 뭘까요? 그것은 비행의 체크인부터 도착해 내리는 순간까지 퍼시픽 블루 직원들은 친절했고, 고객에게 주의를 기울이며, 무엇보다 그들이 하는 일에 열정을 보여 줬기 때문입니다.

에릭슨은 모든 변화의 시작인 고객과 소통하는 방식에서, 사실상 우리가 가진 기술력을 완벽하게 하는 데 전력을 다할 것입니다."

• 수치

2009년 말, 스토리텔링 교육이 끝났을 무렵, 에릭슨에는 괄목할 만한 발전이 있었다. 직원 설문조사 결과 리더십 커뮤니케이션 지수는 -18퍼센트나 올라간 -57퍼센트에서 75퍼센트로 향상된 결과로 나타났다. 전략 인지도는 11퍼센트 향상되었고, 동기부여지수 역시 8퍼센트 올라갔다. 선임 리더십그룹의 동기부여지수 또한 22퍼센트의 엄청난 상승 효과를 보였다.

덧붙여 고객들은 에릭슨에 경쟁사보다 5퍼센트 높은 점수를 주었고, 에릭슨은 좀 더 튼튼한 재정적 위치에 올라 그 해를 마감했다.

"이런 성과는, 물론 조직 차원의 광범위한 시도에 기인하기도 하지만 분명한 것은 우리의 리더들이 좀 더 효율적인 의사소통자가 된 것이 이 결과의 핵심공로 요인이라 하겠다."라고 소냐는 말했다.

그러면서 에릭슨은 스토리텔링 기술을 잘 연마한 직원들을 영업사원으로 차별화했다.

• 교훈

일련의 과정을 통해 배워야 할 몇 가지 교훈들이 있다. 소냐 애플린은 그녀가 얻은 세 가지 교훈이 다음과 같다고 말했다.

1. "첫 번째는 내부와 외부의 공동 작업의 중요성이다. 커뮤니케이션과 인사담당 부서 간의 파트너십은 프로그램이 순조롭게 진행되도록 도와주었다. 더불어 외부교육 전문가들이 프로그램이 만들어지고 진행되는 동안, 리더들이 교육을 잘 이수하도록 관리하고 있었다."

2. "전문적인 커뮤니케이터인 내가 배운 두 번째 교훈은, 선임 리더의 참여를 유도하기 위해서는 비즈니스 전략과 맥을 같이 하는 것이 매우 중요하다. 우리는 커뮤니케이션 전문가로서 태생적으로 조직용 스토리텔링 같은 새로운 기술을 배우는 가치를 알고 있지만, 이런 가치들이 동료들에 의해 즉시 나타나는 것은 아니다. 비즈니스 프로그램에 커뮤니케이션 시도를 접목시킴으로써 회사 다른 조직의 재빠른 참여도 이끌어낼 수 있었다."

3. "마지막 교훈은, 교육의 이점을 최대한 얻기 위해 리더들 서로가 격려하고 지지하는 것을 보면서 동료 그룹의 참여가 얼마나 도움이 되는지 역시 깨달았다."

에릭슨뿐만 아니라 조직 변화를 꾀하는 기업들은 스토리텔링의 활용이 변화의 성공을 확실하게 한다는 측면에서 중요하다는 사실을 깨달아야 한다.

가치관 전달하기

당신은 인생에서 새로운 가치관을 발표해본 적 있는가? '신新 가치관 발표Value rollout'라는 이 두 영어단어 만큼 당신에게 현란한 그래픽 모델이나 마우스패드 이미지를 떠올리게 하는 단어가 있는가? 1990년대에 일했던 대부분의 사람들은 건전한 비아냥 정도를 불러온 몇몇의 예를 알고 있을 것이다.

대개 기업에서 팀워크, 성실, 고객서비스 등의 '참신한' 가치관 세트를 내세운 다음, 이런 가치관을 직원들에게 전달하려고 했던 '신 가치관 발표'는 오명을 낳을 만큼 오랫동안 형편없이 행해져 왔다. 이렇게 혹평을 받자 일부 기업들은 그들의 가치관에 '기업의 원칙Corporate Principles'이라는 새로운 이름을 붙였다.

어떻게 가치관이 전파되는가에 상관없이 우리는 이런 질문을 해봤다. "스토리 없이 어떻게 기업의 가치관과 원칙 등을 사람들에게 이해시킬 수 있을까?" 다른 방법이 있다면 우리는 기꺼이 들을 용의가 있다.

오직 스토리를 통해서만 당신이 의미하고자 하는 가치관과 행동을 이해시키는 것이 가능하다고 우리는 믿는다.

대부분의 기업들이 채택하고 있는 대표적인 가치관인 '뛰어난 고객서비스'를 보자. 이는 가치관으로 주로 언급되고 있지만 차별점이 있는가? 예컨대 당신의 경쟁사 중에서 '그냥 보통인 고객서비스'를 외치는 회사가 있는가?

'뛰어난 고객서비스'를 기업의 가치관으로 성공적으로 내세운 예로는 '노드스트롬'을 들 수 있다. 8장에 소개된 오레곤에서 있었던 존의 멋진 경험을 기억하고 있을 것이다.

노드스트롬은 일종의 백화점 같은 미국 소매점으로, 훌륭한 고객서비스로 잘 알려져 있다. 노드스트롬을 차별화시킨 것은 고객서비스를 그들의 전략으로 간주하기보다는 인생의 방식으로 삼았다. 노드스트롬은 이런 직무 범위를 넘어서는 고객서비스 스토리를 나눔으로써, 지속적으로 기업의 가치관을 지지해갔다. 이런 스토리가 노드스트롬에서는 '영웅적인' 스토리로 불린다.

몇 차례 옷 수선을 위한 방문에도 불구하고, 자신에게 딱 맞는 양복을 구매하는 데 어려움을 겪었다는 남자 고객의 불평신고를 받은 CEO 존 노드스트롬John Nordstrom은, 재단사가 고객의 양복 재킷과 바지 치수에 완벽하게 맞도록 확인하는 새로운 양복 판매방식을 도입했다. 수선이 끝난 후 양복 배송은 무료였다.

또 다른 일화는, 세일을 방금 시작한 시애틀 노드스트롬 매장에 버건디 색상에 주름이 잡힌 도나 카렌Donna Karen 바지를 무척 사고 싶었던 고객의 이야기다. 매장에는 그녀의 사이즈가 없었고, 판매사원도 시애틀에 있는 다른 다섯 군데 매장에서 그 제품을 찾을 수 없었다. 그러나 길 건너편 경쟁 백화점 매장에 같은 바지가 있다는 것을 알고 직원은 백화점 매니저에게 현금을 지원받아 맞은 편 경쟁 업체로 가 원래 가격을 지불한 후 손님에게 노드스트롬의 할인된 가격으로 판매했다. 보다시피 노드스트롬은 어떤 이익도 보지 못했지만, 다음 쇼핑에도 노드스트롬을 찾을 충성도 높은 고객에게 보답하는 투자라고 여겼다.

이런 스토리들이 조직에 퍼져 나가자 직원들은 회사를 이끌어가는 사람들이 훌륭한 고객서비스를 위해 행동한다는 것을 알아차리고 보상한다는 것을 인지했다. 그들은 경영진들이 고객서비스에 단지 사탕발림을 하는 것이 아니라 실제로 행동을 취하고 있다는 사실을 알게 된 것이다.

'훌륭한'의 의미가 '훌륭한 고객서비스'를 뜻한다는 것을 스토리를 통해 확실히 이해하게 되고, 이러한 고객서비스 사례를 전달하는 스토리텔링의 방식에 힘이 실렸다.

우리가 이런 스토리를 '뛰어난 고객서비스' 가치관을 가진 다른 기업의 참가자들과 공유할 때면, 그들은 "우리는 그렇지 않습니다."라든지 "우리가 의도하는 게 아닙니다."라고 대답한다. 그들의 대답대로 라면 '뛰어난 고객서비스'라는 가치관은 단지 가치관으로 채택만될 뿐 실행으로 옮겨지는 가치관은 아닌 것이다.

또 다른 사례는 선임 리더인 매트 리커Matt Ricker가 보여준 가치관에 관한 스토리다. 그는 조직을 통해 얻게 된 인생 자체에 대한 강렬한 스토리를 들려주었다.

♣ 할머니 뿌듯하게 만들기

20여 년 전, 은행에 취직했을 때 나는 집으로 달려 가 가족에게 이 사실을 알렸죠. 나는 무척이나 신이 났고, 할머니가 해주신 말이 생각났어요. "열심히 했으니 정말 잘됐구나. 언젠가는 네가 은행 매니저가 될 것이고, 그건 사회에 큰 의미가 있는 일이다." 은행에서 일해 온 지난 20년을 돌이켜보면 요즘에는 손자가 은행에서 일한다고 자랑스러워하는 할머니들은 그리 많지 않습니다. 그러나 우리의 새로운 스토리를 사용하지 않고 기업들이 새로운 가치관 발표를 어떻게 성공할 수 있는지 상상조차 할 수 없다. '노드스트롬'의 경우가 적절한 사례라 할 수 있다. 기업이 자신들의 가치관에 따라 살아 숨쉬고 있다면, 반드시 이를 뒷받침할 스토리가 있다. 이런 스토리를 찾아내서 조직의 가치관이 살아 숨쉴 수 있도록 스토리를 널리 이용하라.

다음으로 해야 할 일

회의나 리더십 회담 등은 스토리를 나눌 수 있는 절호의 기회다. 2012년 9월, 우리는 글로벌 기업의 리더십 컨퍼런스를 보조하는 부서와 작업을 한 적이 있다. 목표 달성된 성과들과 내년 달성치 등의 모든 정보를 발표함과 동시에 회의 주최자는 기업의 가치관을 부각하기를 원했다.

엄선된 네 명의 입사 1년차 직원들이 그들의 한 해 동안 경험을 상기해 각자 짧은 스토리를 나누도록 했다. 직원과 스토리는 다양성을 확보하는 식으로 선정되었는데, 한 명은 고객서비스를, 한 명은 전문성 개발 기회를, 또 다른 한 명은 자원봉사 기회를, 그리고 네 번째 직원은 리더로부터 받은 코칭과 지원에 대해 이야기했다.

네 명의 직원이 무대 위 의자에 앉아서 한 사람의 스토리가 끝나면 잠시 쉬고 다음 사람이 스토리를 이어가는 식으로 진행됐다. 다음은 그 중에 한 명이었던 미첼Mitchell의 스토리다.

2010년 3월 나는 대학교 졸업반이었습니다. 막상 졸업반이 되었지만 졸업하면 무슨 일을 하고 싶은지 알지 못했죠. 그래서 나는 자격조건에도 못 미치는 아무 졸업생 프로그램에 지원해보기로 했습니다. 기업들에 대해 조사해서 몇몇 인터뷰를 치러보고 난 뒤, 대부분의 기업들은 내가 그들을 위해 무엇을 할 수 있는지를 알고 싶어 한다는 인상을 받았습니다. 그러던 중 인터뷰를 했던 한 기업은 우리가 같이 할 수 있는 일을 알고 싶어 한다는 이야기를 듣고는 정말 마음에 들었죠.

그 회사의 인터뷰에 참여했고, 졸업생 관리팀으로부터 회사의 전반적인 상황과 분위기 그리고 무엇보다 전에 한 번도 들어본 적 없는 자원봉사 프로그램에 대해 전해 들었습니다. 솔직히 다른 기업들에게서 영업 판촉에 대해 들은 나로서는 이 사실이 믿기 힘들 정도로 굉장했어요.

나는 전 졸업생과 다른 직원들과 이야기하면서 좀 더 조사를 해나갔고, 이곳에서 근무하고 있는 내 친구인 벤Ben에게 물어보자 그 역시 관리팀과 똑같은 말을 해주면서 그런 활동이 얼마나 대단한지 찬사를 보냈죠. 마치 사랑에 빠진 것처럼 들렸어요.

이곳에서 일한 지 일 년이 지났으며, 새로운 인간관계를 만들려고 시도하고 있습니다. 졸업생이라는 타이틀을 활용해서 수많은 다양한 사람들과 만나 시간을 내어 나와 커피 마시기를 요청하고 있죠. 여태껏 어느 누구도 거절하지 않았습니다.

이제 내가 정말 좋아하는 자원봉사 일을 시도해볼 때라고 생각합니다. 팀원들에게 제안하자 그들은 주저 없이 동참해주었습니다. 우리는 아이들에게 나아가야 할 방향을 정하는 것을 돕는다는 목표를 세우고 진행하고 있습니다.

회사가 몸소 실천하고 있다는 것을 보여주고, 친구인 벤처럼 나 역시 이곳에서 일하는 것을 너무 사랑하고 있습니다.

네 명 모두는 그들의 스토리를 끝냈다. 다른 건 없었다. 그들은 단지 적절한 교육과 훈련으로 해냈다. 시작부터 끝날 때까지 8분도 채

되지 않았지만, 그 8분이 전체 회의에서 가장 강렬한 8분이었다. 그곳에 참여한 많은 경영진들은 기쁨의 눈물과 자부심을 보였다.

이것이 큰 성공을 가져온 이유는, 통상적으로 사람들이 연말 미팅에서 했던 것을 집어 치우고 대신에 신입직원들이 자신을 소개하고 그들이 앞으로 하려는 것을 설명한 것이었다. 예를 들자면, "안녕하세요. 제 이름은 마크Mark고 저는 이곳에서 일 년 동안 일한 제 경험의 스토리를 여러분과 나누려고 합니다."라고 하는 것이다. 때때로 우리에게 필요한 것은 스토리를 이야기하는 것뿐이다. 그전에는 아무것도 없고, 이후에는 오직 정적과 박수갈채만이 있다.

우리는 멜버른의 플레밍턴 초등학교 6학년 졸업반 학생들과 작업하면서 유사한 방식으로 접근했다. 12명의 학급 리더 모두가 짧은 연설을 하는 것이 전통이지만, 대신에 12명의 리더들이 무대 위에서 자신들의 초등학교 생활 동안 있었던 스토리를 1분 동안 나누는 것으로 진행했다. 스토리는 우정, 선생님, 처음 등교한 날, 캠핑을 갔던 일 그리고 체육행사 등등에 대한 것들이었다. 스토리들은 학교가 추구하는 가치관을 반영한 것들이었다.

다음의 스토리는 엘라Ella가 들려준 것이다.

나는 학교를 무척이나 좋아하는데, 내년이 되면 이곳의 모든 것들과 모든 이들이 매우 그리울 것입니다. 나의 모든 추억들은 모두 나의 굉장한 친구들과 훌륭한 선생님들 대한 것들입니다.
특히나 매번 나를 웃게 만드는 추억 중에 하나는 필Phil 선생님을 생각할 때인데요.

올해 초 어느 점심시간에 나와 오드리, 소피, 2학년인 미아는 크리킷 경기장 초록색 벤치에 앉아 늘 하던 대로 소녀들 이야깃거리로 수다 삼매경에 빠져 있었어요. 마침 필 선생님이 운동장 순찰을 돌면서 우리가 있는 곳으로 오시더니, "꼬마 숙녀들 안녕! 수다 떨고 있니?" 라고 물으셨죠. 그리고는 갑자기 비욘세Beyonce의 '싱글 레이디Single Lady' 노래를 부르며 춤을 추기 시작했어요. 나는 아빠들이나 할 법한 몸짓으로 전혀 창피해하지 않고 춤추는 선생님이 굉장히 멋지다고 생각했죠. 주위에 몇 사람 있었지만 선생님은 아랑곳 하지 않고 큰소리로 노래를 불렀어요. 나는 이 일이 무척이나 재미있었다고 생각해요. 이제 그 자리에 가서 앉을 때마다 순찰을 돌던 선생님이 우리에게 와서 노래를 불러주었던 일을 생각할 것입니다. 나는 이런 추억을 영원히 간직하며 내가 얼마나 플레밍턴 초등학교를 사랑했는지 떠올릴 것입니다.

이번에는 소피Sophie의 스토리를 살펴보자.

♣ 소피의 스토리

6학년 때 학교 대항 수영대회가 있었던 날, 퀸즈 공원 수영장에서 경기 마지막 종목인 내가 참가한 평형 경기가 시작되었습니다. 몇 주 동안 훈련한 덕분에 추위와 수영장의 길이는 나에게 별 문제가 아니었죠. 그러나 훈련과 다른 점 한 가지가 있었어요. 숨쉬기를 위해 물 속에서 나올 때마다 들려오는, 힘내라고 외치는 플레밍턴 학생들의 격려 어린 응원이었죠. 고요와 응원 또 고요와 응원이 경기 내내 계속되었어요. 그들은 절대로 단 일 초도 포기하지 않았죠. 그리고 내가 결승선에 도착하자 모두가 큰 함박웃음을 짓고 있었고, 난 마치 올림픽에서 금메달을 딴 것 같은 기분이 들었습니다.

학교를 다닌 6년 동안 이 추억이 가장 기억에 남고 또 영원히 기억될 것입니다. 그리고 내가 얼마나 학교를 사랑하는 플레밍턴의 학생이었는지 그리울 것입니다.

이 스토리들은 모두 따로 발표되었다. 한 학생의 발표가 끝나면 정적이 흐르고 다음 스토리가 소개될 때까지 관객들로부터 박수가 쏟아졌다. 전체 과정은 15분 정도 소요됐지만, 학생들에게나 선생님들 그리고 학부모들에게 뜻깊은 추억을 선사했다. 학생들의 스토리가 선생님들이나 부모님들에게 최고의 하이라이트가 된 것이다.

직장에서나 또는 심지어 초등학교에서 조차 어떤 종류의 이벤트를 기획하더라도 관객에게 잊지 못할 경험을 선사할 스토리를 가진 사람들에게는 힘이 있다는 것을 명심하라.

▶ 핵심정리 ◀

◉ 잘 이해했나?

→ 일단 리더들이 스토리텔링 교육을 받게 되면, 스토리 수확 또는 스토리 경청을 통해서 어떻게 그들이 활용할 만한 새로운 스토리를 얻을 것인가를 해결하는 것이 다음 과제일 것이다.

→ 직원의 스토리를 듣게 되면 조직의 선임 리더들은 반드시 당사자에게 전화를 걸거나 이메일 또는 방문해서 축하해주어야 한다. 이것이 하나됨의 힘이 되고 큰 파급 효과를 낳는다.

→ 변화를 꾀하는 조직은 스토리를 활용함으로써 그 변화의 성공에 큰 보탬이 될 수 있다.

→ 가치관 전달하기와 스토리텔링은 서로 상부상조할 수 있다. 스토리를 쓰지 않고서 성공적으로 가치관 전달하기란 거의 불가능하다.

→ 사람들로 하여금(적절한 교육과 숙련 과정을 거친 후) 본인의 스토리를 다음에 있을 이벤트나 리더들의 회의 등에서 나누도록 장려하라.

◉ 얼마만큼 이해했나?

→ 기업에서 스토리텔링을 배움으로써 이득이 된 사람을 찾아보고, 그들이 이런

기술을 잘 개발할 수 있도록 지원하라.

→ 당신은 회사의 극히 일부만 알고 있는 숨겨진 스토리를 알고 있는가? 그렇다
면 이런 스토리들을 들춰내기 위해 스토리 수확 회의를 열어보라.

→ 하나됨의 힘을 발휘할 수 있는 위치에 있다면, 지금 당장 시작하라. 엄청난 결
과를 가져다줄 간단하고 쉬운 시도가 된다.

→ 당신의 가치관을 전달하거나 회사에서 개최하는 다음번 큰 이벤트 같은 스토
리텔링의 다른 쓰임새도 고려해보라.

이 장에서는 기업에 스토리텔링을 어떻게 도입할 것인가를 살펴보
았다. 이제 우리는 당신의 손에 넘기고자 한다. 그리고 이제는 한번
시도해보기를 희망한다.

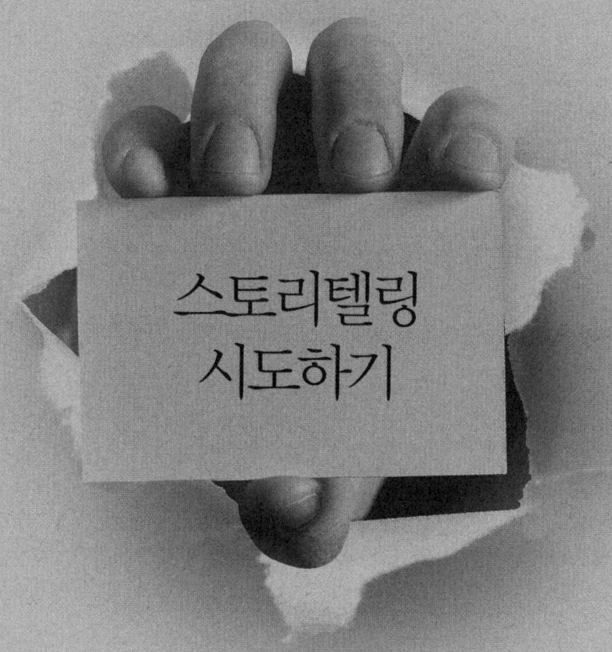

CHAPTER 10

"도전이 없다면 변화도 없을 것이다."

– 브렌트 래버리Brent Lavery,
파라마운트 헬스 앤 피트니스 오너이자 매니저

그렇다면 이제 어떻게 해야 하나? 이 책을 사서 읽어본 결과 과감한 새로운 도전이란 무엇인가?

숀 코너리Sean Connery가 인디애나의 아버지, 헨리 존스 박사로 등장하는 영화, 〈인디애나 존스와 최후의 성전Indiana Jones and the Last Crusade〉에 이런 명장면이 있다.

아버지가 죽어감에도 불구하고 인디애나는 성전의 성배를 손에 넣기 위해 고군분투했다. 건너기 불가능해 보이는 거대한 골짜기에 도달했을 때, 그는 성배에 쓰여진 고대 글귀를 읽는다. "오직 사자머리에서 뛰어오를 때만이 그의 진가를 시험할 수 있을 것이다." 그리고 그는 믿음을 가져야 한다는 것을 깨달았다. 죽어가던 그의 아버지는 "아들아 믿어야 한다."고 중얼거렸다. 주인공은 믿음을 갖고 일찍이 숨겨져 있던 다리를 통해 골짜기 건너편으로 가는 데 성공한다.

그래서 우리가 당신에게 한 가지 부탁을 하려고 한다. 딱 한 가지만. 물론 목숨을 잃을 것이 확실해 보이는 골짜기를 건너라는 게 아니라 당신에게 믿음을 가지라고 말하는 것이다.

갖가지 스토리텔링 기술을 배우느라 무척이나 열심히 해왔어도 떨리는 것은 당연하고 자연스러운 일이다. 그래서 믿음을 가지라고 권하며, 또한 우리가 믿음을 가지라고 요구하는 것은 아주 작은 신념에 불과하다. 걱정스러운 것은 지극히 정상적이지만 그렇다고 시도도 안 해보겠다는 것은 변명거리도 안 된다. 헨리 존스 박사가 말했듯이 '믿어야 한다'. 그러므로 스토리텔링의 힘을 믿으라.

4장에 나온 리사 보스톤이 허트 산을 스카이 스키로 내려온 경험담을 기억하는가? 그녀는 자신의 스토리를 시작하기 전에 너무나도 망설여져서 '믿음을 가지자, 믿음을 가지자!'라고 수없이 되새겼다고 말했다. 나중에 그녀는 실제로 스토리를 얘기하는 것보다 되돌아와서 도저히 스토리를 말할 용기가 나지 않는다고 말하는 것이 더 두려웠다고 털어났다.

우리는 하나의 메시지로 끝맺음을 하려 한다.

"정성 들여 빚고 연습하고 다듬은 단 하나의 스토리로 시작하라. 스토리를 이야기하려 할 때 조금 걱정스러운 기분이 든다면, 그 기분을 이해하고 그것이 정상적이라고 받아들이라. 그리고 인디애나 존스처럼 믿음을 가지라. 리더인 당신에게 다른 선택은 없다."

이제 밖으로 나가 교감하고 교류하고 영감을 주어라. 사람들이 당신과 당신의 메시지에 '훅!'하고 빠지게 하라. 당신은 리더이고, 그것을 가능하게 할 가장 강력한 수단을 갖고 있다.

감사의 글

알람시계나 가족들 외에도 매일 아침 우리를 침대에서 이끌어내는 것은, 자신이 사랑하는 일을 좋아하는 사람들과 같이 할 수 있는 기회이다. 고객들이 우리가 매일 이런 호사를 누릴 수 있게 해주었고, 이 책이 나올 수 있도록 영감을 주었다. 그들의 전폭적인 응원에 감사드린다. 우리에게는 크나 큰 영광이 아닐 수 없다.

가브리엘 : 특히 변함없고 지속적으로 용기를 준 남편 스티브Steve와 엄마로서 본분을 잃지 않게 해 준 멋진 딸들 알렉스Alex와 제스Jess에게 고마움을 전하고 싶다. 또한 부모님 마가렛Margaret과 헤이든Haydn, 시부모님 빌Bill과 잰Jan을 포함한 모든 가족에게도 감사드린다. 언제나 내게는 가족들의 무조건적인 사랑과 응원이 큰 힘이 되어 주었고, 그들이 나를 자랑스러워하기를 바랐다. 끊임없는 격려와

영감 그리고 많은 웃음을 짓게 해준 친구들에게도 신세를 졌다. 몇몇은 이 책을 만드는 여정 내내 함께 해준 친구들이다. 마지막으로 나의 공동 집필자이자 비즈니스 파트너인 야미니에게 감사함을 전한다. 그녀 없이는 결코 이 일을 완성할 수 없었고, 이 '작업'을 함께 하는 시간들이 우리에게는 굉장한 즐거움이었다.

야미니 : 내 일에 100퍼센트의 지지와 믿음, 자신감을 보여준 훌륭한 남편 비쉬누Vishnu, 그리고 나이에 비해 더 많은 유머와 통찰 또 사랑을 준 나의 어여쁜 딸 타라Tara에게 감사하다. 이 둘은 내 인생을 밝혀주었다. 이 책은 두 사람의 응원과 사랑이 없었다면 세상 밖으로 나오지 못했을 것이다. '내가 좋아하고' 여전히 나를 사랑해주는 내 인생의 멋진 사람들, 내 부모님 순다Sundar, 라자락스미Rajalaxmi 그리고 내 시부모님 제이Jay와 코킬라Kokila, 남동생 프라탑Prathap, 여동생 기리자Girija와 조카 푸르니마Poornima의 성원에 무척이나 행복하다. 그들이 없었다면 지금의 나는 존재하지 못했다. 더불어 세계 곳곳에 있는 여러 가족 친지들과 친구들에게 고마움을 전하고 싶다. 특히 늘 무한한 사랑과 격려, 재미와 영감을 주는 나의 절친 '4명의 갱gang of four'들에게 감사함을 전한다. 나의 비즈니스 파트너인 가브리엘, 당신의 열정과 헌신에 경의를 표한다. 당신의 열정과 헌신으로 우리의 작업이 굉장하고, 흥분되고, 즐거움으로 가득 차 빛을 발할 수 있었다.

'사고 리더십Thought Leadership' 개념을 소개해준 우리의 멘토 피터

쿡Peter Cook에게 말로는 그 고마움을 다 표현할 수 없다.(어쨌든 시도라도 해볼 작정이지만.) 피터, 당신은 우리의 저항을 침착하게 외면하면서 우리가 앞으로 더 나아가도록 끊임없이 다독여주었다. 이미 우리가 해내기도 전에 당신은 우리를 믿고 있었던 것이다. 당신과 커피를 마실 때마다 기적 같은 일들이 생겨나는 결과를 가져왔다. 이 책을 출간한 출판사의 루시 레이몬드Lucy Raymond를 소개 받은 일 또한마법의 가루가 뿌려진 듯한 커피를 함께 마시던 날들 중 하나였다.

처음으로 루시를 만난 날, 우리 원고를 조심스레 '베스트셀러'라고 소개한 우리를 노골적으로 비웃지 않고 받아준 그녀에게 감사하다. 루시를 비롯한 출판사의 전 직원들, 특히 산드라 발로니Sandra Balonyi(편집 장인), 케이라 데 후그Keira de Hoog, 엘라자베스 와일리 Elizabeth Wiley, 케이티 엘리엇Katie Elliott 그리고 그레타 블랙우드 Gretta Blackwood와 함께 일하는 것은 즐거운 일이었다. 우리는 언제나그들의 지도와 가르침으로 취해 있었다.

엄청난 강건함으로 초기 편집 작업을 맡아주고 책의 콘셉트와 아이디어, 곳곳의 산만함 등을 정리해서 논리적이고 응집력 있는 순서로 풀어갈 수 있도록 도와준 켈리 어윈Kelly Irwin에게도 감사를 표한다. 그녀는 우리에게 필요했던 사랑의 매였다.

항상 허브멜버른의 공동 작업실을 방문할 때마다 무한한 에너지로격려해주고 응원해준 친구들과 동료 에혼 첸Ehon Chan과 잰 스튜어트Jan Stewart에게 감사하다.

책의 제목으로 'Hooked'를 제안해준 로버트 데이비스Robert Davis에게도 고마움을 전한다. 이는 마치 어둠속에 갇혀 있던 우리에게 한 줄기 빛이 되어 주는 것 같았다. 우리는 이 제목이 무척이나 마음에 들었다. 우리가 사랑하는 일을 좋아하는 사람들과 함께 할 수 있도록 지혜를 전수해 준 매트 처치Matt Church와 책의 추천사를 부탁하는 우리의 촉박한 통보에도 기꺼이 응해준 마이클 핸더슨Michael Henderson에게도 감사드린다.

우리의 첫 번째 비즈니스 코치이자 이제는 평생의 친구가 된 산드라 마크스Sandra Marks에게도 감사하다. 우리는 그녀의 꼼꼼한 체크, 현명함 그리고 유머를 사랑한다.

우리에게 영감을 주고 이 작업을 함께 해온 동료 스토리텔러 스티브 데닝Steve Denning과 아네트 시몬스Annette Simmons에게도 경의를 표한다.

함께 작업할 수 있는 영광과 기쁨을 누리게 해준 전 세계 곳곳의 수많은 리더들에게 머리 숙여 감사드린다. 당신들의 배우겠다는 열정, 도전하는 능력, 새로운 것을 시도해보는 용기를 통해서 우리는 스토리텔링의 지식과 전문성을 지속적으로 발전시킬 수 있었다.

첫사랑을 잊을 수 없듯이 우리 역시 우리에게 첫 번째 기회를 준 고객 케이트 콜리Kate Colley와 필 데이비스Phil Davis를 잊지 못한다. 진심으로 감사드린다.

지금도 왕성한 지지와 홍보사절 역할을 해오고 있는 특별한 고객들에게도 감사드린다. 소냐 애플린Sonia Aplin, 나탈리아 미나Natalia Mina, 로레다나 모레토Loredana Moretto, 잭 필립스Jac Phillips 그리고 제이드 와이즐리Jade Wisely, 많은 것을 가르쳐준 당신들에게 감사드리며 같이 작업하게 되어 영광스럽게 생각한다.

또한 이 책에 스토리를 소개하도록 허락해준 모든 리더들에게 특별히 고마움을 전하고 싶다. 부탁을 받은 모든 리더들은 흔쾌히 동의해주었고, 그들의 격려와 관대함에 깊이 감동받았다. 당신들의 스토리가 없었다면 결코 이 책은 완성되지 못했다.

마지막으로 이 책을 선택해주고 영향력 있는 리더가 되기를 바라는 독자들에게 진심으로 감사함을 전한다. 이 책이 나올 수 있도록 헌신해주고, 이런 일이 가능하도록 만들어준 모든 분들께 이 책을 바친다.

가브리엘과 야미니

스토리 인덱스